智 读 汇

连接更多书与书，书与人，人与人。

资本规划

与

价值管理

施淇丰　王江洪　著

中国出版集团

东方出版中心

图书在版编目（CIP）数据

资本规划与价值管理 / 施淇丰，王江洪著 . ——上海：东方
出版中心，2019.5
ISBN 978-7-5473-1440-1

Ⅰ . 资… Ⅱ . ①施… ②王… Ⅲ . ①资本结构 ②资本－
价值－管理 Ⅳ . ① F275

中国版本图书馆 CIP 数据核字（2019）第 046033 号

资本规划与价值管理

出版发行：东方出版中心
地　　址：上海市仙霞路 345 号
电　　话：62417400
邮政编码：200336
经　　销：全国新华书店经销
印　　刷：北京宝丰印刷有限公司
开　　本：710mm×1000mm　1/16
字　　数：240 千
印　　张：19.5
版　　次：2019 年 5 月第 1 版第 1 次印刷
ISBN 978-7-5473-1440-1
定　　价：88.00 元

开卷有益。

新课题、共探讨，一起努力！

中国经济要强大。

实业家懂得资本运营，刻不容缓。

上市企业价值管理规划模型

3 年价值增长 5 倍

一个目标						
两个团队	产品运营团队			资本运营团队		
三大核心		赚钱	值钱	"印钱"		
四大变量		总股本	净利润	市盈率	股价	
六大关系		政府	监管层	媒体	投资人	分析师	市场
九个模块	战略定位升级	顶层架构设计	商业模式创新	收购兼并重组	运营管理优化	财务税务建模	股权激励实施	融资系统设计	价值管理维护
	用户：产品价值		建模、复制、上市、退出			资本价值：投资人	

前　言

上市公司的救赎：资本规划与价值管理

　　2018 年是中国资本市场哀鸿遍野的一年。面对着救市、救企、纾困等，上市公司也开始两极分化，强者恒强的规律在现实面前又一次体现了它的真理性。逆市上扬的企业仍然存在。部分企业逆市上扬的重要原因正是提前做好了充分的资本规划与价值管理。与此相反，那些"下雨的时候才来修屋顶"的企业，其结局十分悲惨。也有部分企业侥幸存活下来，但最终注定要被市场淘汰。对恒强企业、逆市上扬企业、破产企业的经营实践进行分析，发现理性对待资本市场才是正道，只有充分有效地做好资本规划和价值管理，才能在危机时刻救赎上市公司。

　　资本规划包含产业规划、投融资规划和收并购规划。不跟风、不抢热点，专注于主业的产业发展，不断满足客户的需求和创造客户的价值，持续创新核心技术，形成产业壁垒，是产业规划的重中之重。围绕产业规划作出的投融资规划与收并购规划才是有意义、有价值的。海螺水泥、美的集团围绕着产业链，通过投融资与收并购进行外延式发展，不但做出了产业规模，还让企业实现了升级转型。这就是例证。

经历"雨天修屋顶"的灾难和痛苦之后，上市公司应该认真思考：走出这一难关之后，企业该何去何从。中国改革开放四十年的市场发展历程证明，大部分产业都需要通过投融资与收并购来淘汰过剩、落后产能，使市场出清，整合并升级产业。新的市场发展环境为企业投融资与收并购提供了广阔的用武之地。可以预测，并利润、并产能、并技术、并人才、并品牌将大行其道，上市公司全面并购的大时代已经到来。

传统的市值管理注重结果、短期、投机、外在、片面；而价值管理注重过程、长效、理性、内在、综合。形象地说，传统市值管理是在割草，效益极其有限；而价值管理则是在种树，收获的是长期重大效益。因此，企业应该更注重价值管理。

总之，资本规划和价值管理同时为企业的当下和未来护航，其目标是未雨绸缪，稳扎稳打，砥砺前行，真正实现企业的可持续成长、投资人的价值收益、资本市场的良性发展与繁荣。

自 序

资本市场的本质：服务与风控

资本市场是指一年以上的金融市场。从市场运营实践发现，为了让结果更可控，需要长期的资本市场服务与风控。

从传统意义上讲，资本市场的服务包括法律服务、财务服务、税务服务、投行服务、第三方服务、咨询服务等。这些服务是企业可持续成长必不可少的后备力量。打个比方说，战争时期，参谋部很重要；和平时期，幕僚很重要。这里的"参谋部"和"幕僚"的功能就如同资本市场的服务功能。要做好一家企业，需要关注九个模块战略规划，即战略定位升级、顶层架构设计、商业模式创新、收购兼并重组、运营管理优化、财务税务建模、股权激励、融资系统设计、市值管理与维护。这些战略规划就是资本市场的服务内容。

同时，风控是企业运营永恒的课题。众所周知，不同的资金有不同的属性，也有不同的风控策略。如何规划好风控？传统的方法是资金流形成闭环或交易结构的设计。围绕传统风控模式设计交易结构，才是未来的趋势。这种交易结构的设计，可以使不同的资金方形成闭环——将原有的单个资金方的闭环，扩大到所有参与的资金方都形成闭环，并形成激励。小闭环解决小问题，大闭环解决长期问题。以企业为中心，建立长中短期各资本方的信任机制及交易结构，才是未来风控的主题。

可以以投行为中心建立企业群体，当其资金充裕时，就成为 LP（有限合伙人）；当其有资金需求时，又成为被投标的。要围绕整个投行的风控体系，进行交易结构的设计。

总之，资本市场的本质是系统的价值管理服务及多个资金方联合起来的交易结构设计的风控。

王江洪

2019 年 2 月 10 日于深圳

资本市场的三大核心：市值成长、收并购、投融资

　　资本市场是基于企业未来的跨期（一年以上）价值交易市场，它既要使被投标的价值可持续增长，又要使投资方能够顺利退出。在资本市场，资本需要到流动性较好的二级市场上进行变现。而且，只有连续的交易才能让各阶段投资方得到变现。

　　企业市值要实现可持续增长，必须不断地加大投资和并购，而投资和并购又需要企业进一步融资。因此，资本市场的核心就是不断让企业价值增长，并获得市场的价值认知，再通过价值认知获得融资，融资之后再进一步投入到融资与并购环节，促进市值可持续增长。

　　首先，在成熟的资本市场上促使市值增长的要素很多。综合来看，一是未来增长的预期，要求企业必须设定未来 3 — 5 年或 5 — 10 年的市值增长目标。支撑市值增长目标实现的是两股力量、两个团队。一个是内生增长（产品经营）的团队，另一个是外延增长（资本经营）的团队。企业需要紧紧围绕企业利润可持续增长（赚钱的能力）、企业价值可持续增长（值钱的能力）、

企业投融资可持续增长（"印钱"的能力）等三大核心来提升企业的能力；需要围绕总股本、净利润、市盈率、股价四大变量的综合提高来提升企业的市值；需要围绕企业可持续成长的利好或利空与政府部门、监管部门、媒体、投研团队、投资人及市场六个核心关系不断地沟通；需要校准和优化企业在战略定位、顶层架构、商业模式、兼并重组、运营效率、财税规划、股权激励、融资体系、市值维护九个模块上的布局。

因此，市值成长是企业综合运营的结果，是企业系统价值的外在体现。它不是简单的利好或利空消息释放的结果，也不是操纵股价就可以达成的。

其次，上市公司作为一个投融资的平台，需要被充分地利用，围绕企业主业的上下游产业链的投融资和收并购更是上市公司存在的意义和价值。纵观众多优秀企业的发展史，无不基于产业未来发展的趋势，通过不断地选择扩张升级转型，不断地满足技术、人才、市场的条件，按市场价值最大化的顺序和自我承受能力的节奏不断地进行投融资和收并购。可悲的是，目前很多上市公司的实控人或高管视投融资与收并购的资本运作为洪水猛兽。上市公司不定增、不发债、不收购兼并的现象，直接导致了上市公司成长缓慢，市值低下，企业规模越做越小，企业经营越做越亏的恶性循环。这里面有诸多原因，如资本运营专业人才的匮乏，但更为重要的原因是实际控制人对资本运营的偏见和无知。

不懂投融资与收并购更是造成今天供给侧产能严重过剩、重复建设严重的罪魁祸首。试想一下，中国179家上市汽车公司及相关零部件企业的总市值合计约1.9万亿元，而丰田汽车的总市值就高达约1.2万亿元。倘若不通过投融资与收并购来整合产业，中国的企业与产业在世界上又将如何同其他国家竞争？

总之，上市企业或试图资本化的企业，首先要正确认识市值成长的核心

意义，只有利用好投融资与收并购的资本运营手段，才能够实现快速发展和
壮大。

施淇丰

2019 年 2 月 20 日于上海

目录 | CONTENTS

第一部分　现状原因分析

第二部分　解决方案设想

第二章　转化思维　101

第三部分　案例分析

CAPITAL PLANNING
AND
VALUE MANAGEMENT

第一部分
现状原因分析

第一章

现实成长

要理解上市公司的市值管理是生态级市值管理，就需要明确市值管理的服务是基于内生、外延协同增长的持续成长。在上市难的环境中，就市场经济发展而言，多一个关注价值投资的投资人比多一个关注产品销售的传统企业家更有意义。金融机构需要转变服务方式，以合作共赢和长期持续发展为宗旨，政府机构要充分重视和扶持上市公司对于推动上市公司发展的重大意义。

上市公司的生态级市值管理

"炒股价"成为一些企业和投资人追逐利益的途径，这是因为没有理解市值成长的核心是"持续成长"。如何持续成长？从内生和外延两个维度推动增长是可以实现的市值管理方式。

"炒股价"不是市值管理

在企业经营管理与资本投资实践中，有很多企业管理者和投资人采取种种手段提升投资收益。他们的做法可以称作"炒股价"。但经验和理论都证明这不是科学合理的市值提升方法。通常情况下会出现以下结果：不能为股东创造财富，不会利用增减持、回购、股权激励提升股东财富收益，资本募集难以为继。

1. 内幕交易亏损又受处罚

2016 年 4 月，证监会对江苏某新材料股份有限公司实际控制人吴某与私募机构上海某投资有限公司合谋利用信息、资金优势操纵某新材股价案依法作出处罚。这个案子的调查工作直指饱受市场诟病的"伪市值管理"，成为证监会查处"利用信息优势进行价格操纵"的第一案。

这个案件的实质是市场操纵，其手段包括价格操控，这种操控通过秘密协议，内部操作，多方参与共同促成股价朝着对自身有利的方向变动。

（1）内幕交易的基本情况

上海某投资有限公司主营业务是投资二级市场，以各种方式为上市公司提供市值管理服务。在这里需要说明，上海某投资有限公司为上市公司提供的市值管理服务是有特殊手段的，即通过大宗交易购买上市公司股东持有的股票，上市公司股东因此获得大量现金，双方协议，约定在一定期限内，由上市公司股东通过大宗交易购回股票。

这里就存在玄机：如果在上市公司股东回购股票时，股价上涨，上市公司股东会获得额外收益。如果这样，上海某投资有限公司按约定收取股价上涨收益的 10% 或者 20%，除此之外还会附加一些额外利益。

在这个案件中，上海某投资有限公司自 2014 年 5 月起，利用 45 个证券账户，同时使用 11 个结构化信托产品和券商收益互换产品，这样就获得 56 个可使用账户。该公司通过实际使用这 56 个账户，实现对某新材料股份有限公司股票价格的操控。

吴某与上海某投资有限公司的炒股价交易经过三个阶段，每个阶段彼此相互交织。表 1–1 说明了吴某与上海某投资有限公司炒股价的各阶段与具体内容。

表 1-1　吴某与上海某投资有限公司炒股价过程表

阶段	时间	具体内容／情况
第一阶段	2014 年1 月到 4 月	吴某与上海某投资有限公司就通过大宗交易渠道转让某新材股票，由上海某投资有限公司进行所谓"市值管理"一事达成一致意见。
第二阶段	2014 年5 月到 7 月	吴某陆续将 4788 万股某新材减持到李某控制的相关账户名下，由上海某投资有限公司帮助进行"市值管理"，并将减持所得大额资金交由上海某投资有限公司用于投资和操作某新材。
第三阶段	2014 年5 月到 12 月	吴某与上海某投资有限公司合谋，吴某寻找并购重组题材和热点，未及时披露相关信息，并提供信息、资金等支持，上海某投资有限公司则通过连续交易和在自己实际控制的账户之间进行交易配合，影响某新材股票价格。

　　统计材料显示，2014 年 5 月至 12 月期间，上海某投资有限公司通过操控手头账户促使某新材料股份有限公司股价上涨 71.4%。在同一时期，全国中小板综合指数累计涨幅达到 25.54%，某新材料股份有限公司股价涨幅高出同期中小板综合指数涨幅 45.86%。

　　据分析，某新材料股份有限公司案的定性是"伪市值管理"，表现为多种违法手段交互使用，除了市场操控之外，还有利益相关方内幕交易、相关利益主体信息披露违规等多重问题。

　　据相关方透露，在吴某、上海某投资有限公司合谋操控某新材料股份有限公司股票期间，上海某投资有限公司账户组交易亏损 3 066.68 万元。监管部门没有因为该投资有限公司亏损而停止处罚，对相关方的内幕交易、超比例持股等违法行为，按照法律程序进行了认定和处罚。根据中国证监会公布的行政处罚决定书，吴某被罚款 360 万元，上海某投资有限公司被罚款 330 万元。同时，由于信息披露违规行为，上海某投资有限公司受到警告处分。

　　（2）"伪市值管理"的危害

　　此类"伪市值管理"体现出多种违法行为相互交织的特征。市场操纵、内幕交易、信息披露等手段互相结合，在不同时间段使用不同手段，以促使"炒股价"行为产生效果和利益。其手段具体体现为：信息披露工具化、操控行为隐形化、内幕交易长线化，涉及多方主体。他们共同参与，行为复杂纠结。这种内外勾结、暗箱运作、操纵市场的行为影响到股价波动，使少数人获益，对多数投资者的利益构成损害。

2. "伪市值管理"的表现

2014 年，新"国九条"鼓励上市公司建立市值管理制度。然而，一些企业没有采取科学合理的市值管理制度，而是采取内幕交易、虚假信息披露等手段，操纵市场，这些都是为了在股价上做文章，以"炒股价"的方式获得不正当利益。这种"炒股价"其实是"伪市值管理"的表现。伪市值管理的形式多种多样，主要表现为以下几种：

（1）跟踪市场热点，通过热点进行自我炒作，使得公司股价提升

将公司改名是一些企业的惯常做法。公司改名作为一种提升股价的方式受到一些企业欢迎。据统计，从 2015 年 1—5 月，有 71 家上市公司发布改名公告。大部分公司改名后其业务并没有改变，股票价格却获得了多次提升。

2017 年 2 月，证监会调查某股份公司，发现该公司改名过程中存在一些问题：私下改名，更改名称后业务和公司实际业务不符，以改名误导投资者。

（2）上市公司实际控制人和私募基金互相勾结，内部操控，择机出货

一些私募基金和上市公司实际控制人秘密谋划，内部沟通信息，对外隐瞒真实意图。私募基金和上市公司实际控制人达成秘密协议，确定好预期股票价格。在这种情况下，私募基金压低或提升股价，上市公司进行配合，披露利空或利好信息，以这种方式实现低价买入，高价抛售。一旦出货成功，私募基金方与上市公司实际控制人按预先约定，按比例分享收益。

（3）进行"操盘"模式的股份大宗减持

当前资本市场上，上市公司的实际控制人及管理层减持套现是一种合法正当行为，但是减持计划安排不当或者减持时机选择有误，股价就会出现波动，很难顺利实现减持。为了解决这个问题，上市公司实际控制人和管理层在每天收市后，减持方以收盘价的一个折扣率将股票通过大宗交易系统卖给大宗交易商，大宗交易商在随后的两个交易日再将股票在二级市场上直接卖出。大宗交易商为上市公司提供的股票销售服务有不正当的嫌疑。

（4）选择性发布虚构信息，获得大宗交易减持

这种行为的目的是操控股价。私募基金利用多个自然人账户建仓。上市公司以"报忧不报喜"的方式传递利空信息，隐瞒其他不利于低价建仓的信息。当需要提升股价时，上市公司就采取"报喜不报忧"的方式隐瞒不利于自身利益的信息，比如只发布高送转、定增并购等利好信息。最后，上市公司实际控制人通过大宗交易减持，私募基金抛售股票，双方获利，退出交易。

（5）通过并购重组，虚晃一招，牟取利益

这种行为实质是虚假并购。其流程是私募基金通过定向增发或二级市场举牌的模式获得上市公司大量股票，从而进入上市公司董事会，并推动上市公司进行上下游产业链的整合，在这个过程中寻找并购标的。一旦上市公司完成并购，私募基金持有股票市值上涨，私募基金这时立即获利退出。

3. 真正的市值管理是怎样的？

"炒股价"是伪市值管理的方式。它不利于企业经营和产业发展，也不利于经济总体发展进步。真正有远见的企业家和投资人应学习科学合理的市值管理方式。那么，什么是真正的市值管理？

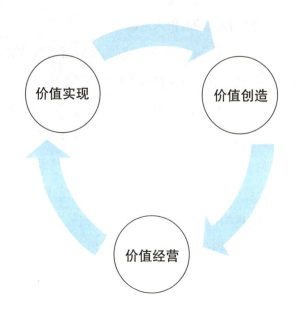

图 1–1　企业市值管理的三个阶段

图 1–1 说明了企业市值管理的三个阶段：

· 价值创造

· 价值经营

· 价值实现

这三个阶段，完全可以统一在一起，不但可以用来实现产融结合，而且可以用来贯通产品市场和资本市场。市值管理首先通过公司商业经营模式创新、公司治理结构优化等内在价值创造手段促进企业内在价值最大化；然后通过诸如联合投资者、联合媒体等方法将公司内在价值进行描述并传递给广

I 资本智慧
Intelletual Capital

> 市值管理又称为基于价值的企业管理，是指以价值评估为基础，以价值增长为目的的一种综合管理模式。市值管理可以分为价值创造、价值经营和价值实现三个阶段，其中价值创造是基础，价值实现是目的，价值经营是手段。市值管理的终极目标是实现股东价值和公司价值最大化。

阔的资本市场；当公司内在价值被以投资者为主体的资本市场低估或高估时，通过并购重组、再融资、大宗增减持和套期保值等价值经营手段使得公司市场价值与内在价值合理有效匹配。

总之，当前经济领域存在的"炒股价"等伪市值管理方式可能会危害投资人以及企业前途。不懂真正的市值管理是有风险的。避免这种风险的最好办法是真正理解和运用市值管理。企业家需要认识到，内在价值创造是产品市场的核心要素；企业家还要认识到，资本市场的状况更加复杂。在这里，价值创造只是基础，企业家需要同时掌握价值实现和价值经营的各种方法，才能以公司的内在价值获得资本市场的重视和需要，最终在市场上提升公司价值。

"持续成长"才是市值成长的核心

所有不具有可持续性的市值管理方式，其后果是投资人和企业利益最终受损。只有把握市值成长的核心才能做好市值管理，从而为公司获得价值增值。那么，什么是市值成长的核心呢？这就是"持续成长"。企业家认识到持续成长是市值成长的核心，就需要将持续成长作为市值管理的目标。

1. 持续成长的条件

正确认识股价管理、股本管理、市盈率管理、净利润管理的概念和途径，提升经济增加值和市场增加值，是市值持续成长的前提条件。

（1）股价管理不是操控股价

一般认为市值等于股价乘以股本，如果一个公司股本数不变，那么股价高低就决定了市值的大小。这样的情况下，一些企业管理者就陷入了错误认知：提升股价就可以提高市值。于是他们希图无限拉高股价，以此提升市值。

需要认识到，股价可以决定市值大小。但是，操控股价不是正确的股价管理方式。股价是公司内在价值的市场反映，离开公司内在价值的提升，盲目提升股价，只会得不偿失。而且，上市公司无法左右客观的股价走势。违背客观规律对上市公司经营不利。

正确的股价管理是通过创造价值提升公司价值，并通过各种方式促使市场和资本对公司价值产生认同，再合理经营公司价值，不断提升市场的预期和公司满足市场预期的能力。

（2）股本管理需要资本思维

上市公司需要进行股本管理，这是资本思维的体现。有资本思维的企业家致力于股本结构优化，并实现股本总量扩张。

具体来说，优化股权结构的措施有：保持相对控股地位，并将存量股权投放二级市场；寻找能够给公司带来额外资源的股东和战略投资者；股权激励解决股本过小和流动性不足的问题，并推行员工持股计划，促使股权结构均衡，并逐渐做大股本；需要进行股本扩张的时候，采用利润送股和资本公积金转增股本；并购中通过股份购买手段，避免使用现金购买。

（3）市盈率体现了市场对公司股价的认同程度

为了明晰不同价格的公司股票是否与自身价值相符合，资本市场一般使用"市盈率"的提法，即市盈率＝普通股每股股价／上一年每股盈余。每股股价和上一年每股盈余共同决定市盈率。据此判断，市盈率体现了市场对股价的认可程度。

市盈率的三个层次分别是：

· 产品级项目，市盈率最多十位数

· 产业级项目可达百位数

· 生态级项目超过千位数

市盈率高的产业倾向于连锁、平台和高科技，市盈率低的产业倾向于工程、代理和配套商。

净利润和市盈率共同决定市值，即公司市值＝市盈率×净利润。据此判断，市值的计算方式基于市盈率因素。一些投资者认为市值管理就是市盈率管理，因此只要提升市盈率就能提升市值。但是，并不是市盈率越高公司越有价值，这需要看市场和公司之间的关系。

在市场与公司协同程度高的情况下，市盈率处于健康状态。但是，公司会出现股价被高估的情况，这时需要通过公开增发新股、并购等手段降低市盈率。相反，一旦公司出现股价被低估的情况，就需要通过大宗增持、回购股票等途径升高市盈率。这样，市盈率就处于合理水平。

（4）提升公司净利润水平及其增长率

净利润及其增长率在公司管理中十分重要。从净利润可以看出当期的公司内在价值，从净利润增长率可以看出公司的持续成长性。如果净利润水平及其增长率比行业平均水平高，那么公司就会获得资本市场青睐。而且，它的市盈率也会比市场平均水平高，同时公司市值就会比行业平均水平高。

可以通过两个办法来提升净利润及其增长率：一是通过商业模式创新实现内生式增长；二是通过并购重组实现外延式增长。正如公司发展战略需要多样化组合，这两种方法需要相互配合，共同促进公司价值和股东价值最大化。

（5）提升经济增加值和公司盈利能力实现股东利益最大化

经济增加值也就是经济附加值，同时是市场对企业的估值。在经济增加值概念中，公司的决策与股东利益相一致。为了实现股东利益最大化，公司必须尽量提高公司的经济增加值。其方法主要有：创新商业模式；多种股权共同投资；资本结构优化；制订与实施高效融资计划等。

（6）提升市场增加值和资本市场对企业持续成长能力的信心

市场增加值是公司股票市值与资本投入累计数额之间的差额，是企业能够变现的价值与原来投入的资本总额之间的差额。

市场增加值可以体现未来经济增加值。经济增加值评价的是公司过去的盈利状况，需要从价值投资的角度分析企业；市场增加值则用来预测未来企业能在多大程度上为股东创造价值。市场增加值可以看作是资本市场对企业持续成长能力的检验。

2. 市值持续增长的意义

市值持续成长的意义在于实现公司和股东价值的最大化、持久化。上市公司通过再融资、定向增发、股权激励、员工持股计划、增持、回购、减持套现等方式加速股东和管理层的财富增长，这种财富增长就是市值持续增长的具体体现。

（1）持续增长的市值是上市公司实力提升的标杆

一般来说，市值的大小反映了企业的盈利能力、成长潜力、团队和管理状况等。持续增长的市值体现了公司的良好品牌形象及持续成长的能力和空间。

（2）持续成长的市值是上市公司融资成本降低的条件

市值高的上市公司，一般来说其融资成本较低。如果公司采取股权融资方式，也就是配股或定向增发，在高市值的时候，相同的股份能够融到更多的资金。这就意味着以较低成本获得较多资本金。如果公司采取债权融资方式，在市值高的时候，上市公司容易得到更高级别的资信评级，获得更大的授信规模，这同样降低了融资成本。如果公司市值持续增长，那么融资成本也会逐渐降低。

（3）持续增长的市值有利于上市公司并购，并增强反并购能力

股份支付和定增募集资金是上市公司并购的支付方式，这使得市值大的公司更容易以较小成本并购其他公司。如果市值大，公司被兼并的可能性小。这时，恶意并购者如果想控制上市公司，必然需要付出巨大的代价，甚至得不偿失。

（4）持续增长的市值体现了内部管理水平的提升

因为市值管理是为了实现公司价值和股东价值最大化，而且市值变化就是市值管理的结果，所以公司市值成为管理层业绩考核的重要指标。如果市值持续增长，那么公司内部管理水平较高。

（5）持续增长的市值是实现投资者利益最大化的条件

股权资产如同个人存款、房产一样，是上市公司投资者的一种重要的无形资产。上市公司市值高低代表了公司股东收益的高低。

总之，持续成长是公司市值管理的目标，基于持续成长的市值对公司实力提升、融资成本、并购与反并购能力、增加投资者财富等方面的意义，认识到持续成长的市值是公司提升内在价值的保障，对企业来说意义重大。

内生和外延才能持续增长

公司市值需要持续增长，以此适应激烈竞争的市场环境，避免亏损和失去对资本市场的吸引力。如何实现市值持续增长？需要从内生和外延两个维度上采取措施。公司内在价值提升、改善经营管理和公司横向发展、拓宽疆界，需要同时进行。只有这样，公司市值才能持续增长。

1. 利用内生和外延两种战略实现突围

1968 年，美的创始人何享健筹集到 5 000 元，与 23 名顺德北滘居民开始组建"北滘街办塑料生产组"，到 1976 年，公司业务经营先后从塑料瓶盖、五金制品生产转型到汽车配件生产上。更在 1992 年与外企共同成立各种类型的合资企业，自 1998 年开始，美的对外进行了一系列的企业收购，其全球生产基地布局也初步完成。

（1）转换思维到聚焦客户实现内生式增长

20 世纪 80 年代，随着中国经济的逐渐复苏，人民对生活质量的要求也在悄然变化，小型家用电器也渐渐走进普通百姓的生活中，其中就有电风扇。消费者需求的大量增加也推动了电风扇市场的扩大，但随着新竞争者的进入，市场也逐渐趋于饱和。

美的没有和其他企业一样打价格战，而是在电风扇的设计上创新思路。当时港澳流行塑料转页风扇，也叫"鸿运扇"。相比铁壳的台式风扇，这种塑料转页风扇造型精巧、安全可靠又摆放灵活。于是何享健改变方式，开始仿制鸿运扇。

紧接着，美的采取"不与同行争市场，走出国门闯天下"的战略，向国外开拓电风扇和电机产品市场。不仅如此，在 1985 年，美的将销售电机和风扇赚到的钱投资于空调生产基地的兴建，进军空调行业。

1985 年 4 月，美的成立"美的空调设备厂"，开始组装生产窗式空调机。到 1991 年，美的电风扇和空调业务发展并驾齐驱，迅速扩大了美的资产规模。

为什么 20 世纪 80 年代中期以后，电风扇行业的众多小企业遭遇产品滞销的困境而得不到改变？经研究发现，这些企业均采取以产品和单个行业为中心的产品思维。在这种思维主导下，只是追求较高的市场份额和高额利润。但美的将"产品思维"转变为"客户思维"，实现了持续增长。

第一，美的企业认识到顾客需求是客户思维的关键。

可以看到，美的避开了国内价格战，选择可以提供高额利润的海外市场。与国外电机生产比较，美的产品具有成本优势，不需要降低利润率就能扩张市场份额。开拓国外市场，对美的来说是聚焦顾客需求、采取客户思维的举措。

第二，美的企业认识到顾客需求变化。

采取"客户思维"，需要思考客户的需求变化。美的最早生产的是金属风扇，满足客户消暑解热的需求；之后，美的洞悉客户需求的变化，推出"鸿运扇"，争取到了客户。因此，美的准确地把握客户需求的变化，开拓了市场疆界。

第三，美的企业判断客户潜在需求，前瞻性地预判和占领未来市场。

发现客户潜在需求是市场判断的重要方面。如何满足客户的潜在需求？

美的选择了空调。美的认识到未来围绕潜在需求的产品市场必将快速发展，美的需要争取未来的利润区。

（2）进行合资和并购实现外延式增长

1992 年中国开始发展市场经济，随着对外开放进一步扩大，跨国企业纷纷进入中国。而家电企业必然会受到冲击。美的的应对方案是：一方面与日本家电等外国企业建立合资企业，学习引进先进技术；另一方面收购国内的家电企业，扩展生产基地，壮大产业规模。

第一，主要与日本家电企业合作，引进技术。

美的与国外企业的合作是为了借力壮大自己。其特点是：合资企业产品的类型多样化；向产业链的纵向延伸，开拓产业布局；与产品技术领先者建立深度合作关系，通过入股和合资学习引进大型家电的核心部件生产能力。表 1-2 是美的与国外企业合作的情况。

表 1-2　1992—2008 年与美的合作的国外企业及地域分布一览表

合资企业	合作企业地域分布	合作时间
日本芝浦、细田贸易	日本	1992 年
日本三洋		1993 年
东芝万家乐		1998 年
日本东芝、日本三洋		1999 年
日本三洋		2001 年
日本东芝开利		2008 年
意大利梅洛尼	意大利	2000 年
开利	美国	2008 年

美的的内生和外延战略获得了丰硕成果。截至 2000 年年底，美的风扇、电饭煲和电暖器等小家电产销量均居国内市场第一位。在海外市场方面，美的初步实现市场、技术、产品、人才等因素与国际接轨，海外销售平台建设和自主品牌出口都具备了条件。

第二，收购重组国内家电企业。

1997 年，美的开始采取外延增长战略，即以国内收购方式获得增长。美的 1998—2011 年间在国内收购的一些企业已是区域性规模企业，而且产品线集中于"空冰洗"类大型家电，紧邻国内主要消费市场。表 1-3 是 1998—2011 年美的收购国内企业及产品情况。

表 1-3　1998—2011 年美的收购的国内企业及地域分布表

被收购的企业	收购时间	分布地域
东芝万家乐	1998 年	广东
广州华凌	2004 年	
芜湖丽光	1998 年	安徽
合肥荣事达	2004 年	
重庆通用	2004 年	重庆
江苏春花	2005 年	江苏
小天鹅	2008 年	
常州弘禄华特电机	2011 年	
贵雅照明	2010 年	江西

借助国外合资与国内收购，美的终于完成生产基地的全球布局。因为国内规模企业的收购，美的弥补了研发和生产的薄弱环节。美的在家电领域占

据了较大市场份额，并顺利开拓了全产品线、全产业链的格局。

2. 内生和外延两个变量的"转基因"战略

如果把公司的内生和外延方面的种种变革称作"转基因"，那么从内生和外延两个方面实行的"转基因"战略则需要种种创新。

（1）基于内生变量的"转基因"战略

一边变革收费或变革分配策略，一边创新产品或创新市场，从公司内部产品和市场寻找突破口；一边将有形市场和无形市场相结合，一边将撒网捕鱼改成蓄水养鱼，转换商业思维和路径；一边化繁为简或由简入繁，一边适应发展需要进行产业升级或产业降阶，以此积极应对变化。

（2）基于外生变量的"转基因"战略

用嫁女的彩礼娶媳妇，实现股与债的时间和空间的转换，创造性解决资金短缺问题；实行化重为轻的资产优化策略，采取欲擒故纵的并购路径，适时适地获得公司体量扩大；采取连横合纵的并购策略，集聚资源，最终实现主导。

事实证明，基于内生和外延的发展策略可以改善企业价值管理。如表1-4，某股份有限公司价值管理规划体现在市值、净利润、市盈率等数据的增加上，其实现方式是内生和外延策略相结合，具体方式如下：

第一，以一级市场为主，二级市场为辅，合法合规、合理有序进行。

第二，稳定工业金刚石的可持续营运。提高销售目标，加大业绩激励的力度，保证传统业务利润增长 20%。

第三，发起产业基金对金刚石微粉市场进行整合。用 SPV 公司（俗称"壳公司"）贸易优势改变成本结构，增加上市公司利润。

第四，发起并购基金，对人造钻石的大消费市场进行整合，并购销售渠道，做强品牌，提升利润率，增加利润。

第五，建立国家级的钻石烯实验室。对纳米钻石在高精电子、航空航天、极净科技等领域的应用进行研发。

第六，凭借钻石烯产业应用专利技术，发起多支产业级并购基金，形成钻石烯产业生态群，与行业第一合作。

第七，对已经发展成熟的产业级公司进行资本运作，通过上市或被产业内上市公司并购实现资本溢价退出。

表 1-4　某科技股份有限公司价值管理规划

年代	公司市值 （亿元）	净利润 （亿元）	市盈率 （倍）	总股本 （亿股）	股价 （元/每股）	营业收入 （亿元）	净利润率
2018 年	129.69	4.32	30.00	11.78	11.01	24.02	18%
2019 年	194.54	6.08	32.00	12.96	15.01	32.00	19%
2020 年	291.81	8.34	35.00	14.26	20.47	41.69	20%
2021 年	437.72	14.59	30.00	15.68	27.91	76.79	19%
2022 年	656.58	21.89	30.00	17.25	38.07	115.19	19%
2023 年	984.87	32.83	30.00	18.97	51.91	172.78	19%

总之，基于真正的市值管理要求，市值增长是公司发展需要，尤其重要的是持续的市值增长是吸引资本市场青睐的重要条件。上市公司只有从内生和外延两个方面进行产品和产业经营，优化产品服务，利用并购拓展空间，形成产业规模，才能实现持续的市值增长。

几个思考

1. 面对"炒股价"这一"伪市值管理"措施和手段，企业需要在哪些方面树立正确的认知和意识？

_____

_____

_____

2. 结合本节中"持续成长"这一市值成长核心概念，思考在您的企业中有哪些可以推动企业市值"持续成长"的因素？

_____

_____

_____

3. 对于企业的市值成长来说，"内生"和"外延"相结合，才能最终解决根本问题，那么，对于您的企业来说，在"内生"和"外延"两个方面都有哪些优势？

_____

_____

_____

中小企业的理想归宿

当前中国企业因为种种原因上市艰难，也很难获得融资机会和更广阔的市场，发展前景因此受到限制。经过对经济环境和企业实际情况的分析，发现间接上市可以解决企业面临的问题。进一步思考发现，投资的重要性和紧迫性比传统企业的经营更加显著。

IPO 难于登天

2015 年 11 月 10 日，习近平总书记在中央财经领导小组会议上首次提出了"供给侧改革"。为什么要进行供给侧改革？这是因为增量供给不足，新兴行业产能严重不足；存量供给过剩，传统行业产能严重过剩。

中国当前所面临的问题既不是需求不足也不是供给不足，而化解这一矛盾需要着力依靠供给侧改革，同时配合适度的总需求扩张。

至于供给侧改革的主要内容，从供给侧方面说，重视生产要素的供给和有效利用，通过鼓励企业创新、淘汰落后、降低税负等方式，推动经济发展。从经济运行的源头入手，从产业、企业的角度认识问题，更突出长远的转型升级，采取"中医疗法"：文火慢煮、综合施治，取得较好的市场效应。从需求侧来说，发展投资、消费、出口"三驾马车"理论，通过扩大投资、鼓励消费等方式扩大需求，从而拉动经济增长。从经济运行的结果出发，便于通过宏观调控进行短期的逆周期调节。相对于综合施治，这是采取"西医疗法"，可以救急，但副作用大。

1. 中国企业现状

在供给侧改革中，中国企业面临着比以往更大的改变自身处境的挑战，因为形势正在变化，政策也在变化，企业需要重新找到自己的定位和方向。在国内经济市场化进一步发展和市场国际化形势下，IPO 是人心所向。然而，中国企业 IPO 难度巨大。自身实力成为其主要原因。经过调查研究，中国不少企业的现状从商业模式、资本运营等战略设计方面具体表现如下：

企业基数庞大，竞争异常激烈，税负透明，生存困难。

战略模糊不清，升级还是转型，犹豫不决，缩手缩脚。

商业模式落后，收入来源单一，传统呆板，没有创新。

资本运营缺乏，不懂买卖公司，小富即安，目光短浅。

内部管理粗糙，运营效率低下，苟延残喘，得过且过。

财务管理混乱，没有建立模型，利润流失，制造黑洞。

股权过度集中，员工缺乏激励，股散人聚，股聚人散。

顶层没有架构，资源没有整合，有市无价，有价无市。

退出没有通道，变现难传承难，忙碌一生，有产无钱。

融资火烧眉毛，没有事前规划，恶性循环，永无止境。

2. IPO 受理、审核低流量

中国不少企业是模式和资本运营等方面的原因造成生存困难的现状，难以在竞争环境中脱颖而出。基于企业整体发展形势，上市受理和审核流量出现降低趋势。

2014 年以来，IPO 申请与受理总趋势是逐渐放缓，其申请与受理也愈发艰难，表现为受理端、审核端均徘徊在低流量状态。其中，IPO 受理端的情况大致如下：

2015—2017 年，证监会平均每半年受理的 IPO 企业数量基本上维持在 200 家左右。但到 2018 年，由于 IPO 受理端流入量显著减少，2018H1 受理企业仅 63 家，与上年同比下降 71.75%，截至 2018 年 8 月，2018H2 受理的企业仅为 4 家。据不完全统计，2018 年发审委首发过会率仅保持在 50% 左右。IPO 的审批从严，是其受理低流量的主要因素。

相较于 IPO 受理端，IPO 审核端的情况大致如下：

自 2014 年开始，截至 2018 年 8 月，发审委审核首发上会企业数量分别于 2015H1（221 家）、2017H1（275 家）达到其阶段性峰值。2017 年 10 月，随着新任发审委上任，IPO 审核标准呈逐渐收紧趋势，过会企业的数量持续下降，也导致过会率从 80% 逐渐下降到 50%。经统计，截至 2018 年 8 月，共有 172 家 IPO 企业首发上会，其中顺利过会 111 家，被否 59 家，2 家暂缓表决，整体过会率约为 64.53%，被否率约为 34.30%，过会率创下近十年来新低，否决率则创下近十年来新高。综合目前 IPO 受理端和审核端现状，2019 年首发审核将继续保持低流量。

3.IPO 难在何处？

当前国际宏观经济风险以及国内监管制度变化是企业上市艰难的背景和

原因。企业内部问题成为监管机构质疑的重要因素,以至于影响企业正常上市。

(1)宏观经济风险、新股发行制度变化

2018年,IPO待审池流入量受到严格把控,证监会对企业IPO申请的受理,明显减少。审核数量方面,2018Q1、2018Q2发审委首发上会审核企业分别为74家、44家。其中,过会企业数分别为32家、26家,过会率分别约为43.24%、59.09%,2018H1共首发上会企业118家,与2017年全年上会企业数相比,不足其(498家)1/4。2018年7月发审委首发审核企业22家,其中13家过会,过会率约为59.09%。由此看来,未来一段时间内,过会率同2018Q2将基本保持一致,呈现首发审核保持低流量、新股发行速度放缓的特征。

(2)企业盈利能力等问题受到质疑

2018年共计59家企业在首发审核中被否决。通过对审核结果分析发现,发审委主要关注毛利率、关联交易及持续盈利能力等问题。

在59家被否企业中,其中,49家企业财务真实性受到质疑;46家企业被否是因为毛利率相关问题;41家企业被否是因为关联交易和业务独立性受到质疑;34家被否企业持续盈利能力等问题受到质疑;29家被否企业会计处理等相关问题受到质疑。因此看来,企业盈利能力和财务问题是发审委审核的关注焦点。

值得注意的是,2018年1—8月,过会企业中,98%的企业最近三年累计净利润超过1亿元且最近一年净利润规模达5 000万元以上。IPO审核端对企业盈利能力的关注度提高。盈利规模成为重要审核因素,造成大部分盈利能力不强的企业被否定。

据以上数据判断,当前企业上市十分艰难,尽管当前上市成功的企业具有相似的特征,这就是符合国家产业政策,盈利能力强,适应市场发展趋势,公司内在价值足以吸引资本市场关注和进入，但是大约超过半数的中国企业不具备上市条件。自身实力不强与上市发展的需求产生显著矛盾。

间接上市才是出路

很多企业因为政策、产权、财务等原因，加上上市门槛高，不具备上市的条件，或者错过上市机会。面对十分艰难的形势，企业应该采取怎样的方式获得上市机会，进而提升内在价值，赢得市场？

1. 间接上市的两种方向：出卖和购买

企业如果自身体量小，不符合产业方向，达不到上市标准，就可以采取间接上市的方式。间接上市的途径是将自己的企业卖给上市公司或者购买上市公司。

众所周知，企业到 A 股上发行很难，面临着监管问题。监管部门会对企业的历史沿革进行追溯。如果将自身企业卖给上市公司，在监管部门审查材料时，相对来说没有直接 IPO 那么严格。如果现在重新成立一个公司，把当前业务和资源注入进去，这样就使企业避过过去出现的问题，增加间接上市成功的可能性。

企业进行间接上市也需要一些条件，比如具有一定资产、产品、市场、利润；在战略层面上有理想、有根据、有计划、有资源。企业还需要解决"想不到、干不了、不愿干、不敢干"的思想问题。

间接上市解决的是通道问题，即借力上市。具体上市路线与直接上市的具体路线没有不同。启动程序、信息披露、证监会核审等环节缺一不可。这包括股东大会决议、聘请中介机构、股票发行销售、上市挂牌交易等。图1-2

显示了企业上市的路线。

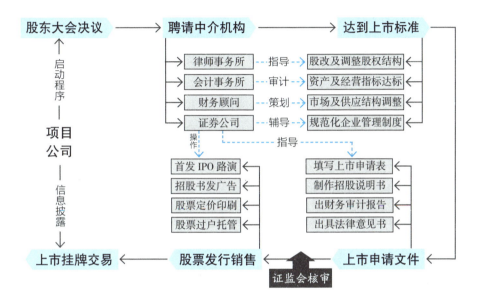

图 1-2　企业上市 IPO 的路线图

　　寻找合适的上市公司，将自身企业出卖给对方以获得上市机会，在美国市场上，很多创业者以此为目标。在中国市场上，同样可行，对企业也有利，因为它的资源整合效果十分明显。从上市公司角度看出卖企业行为，可以认为这就是并购和重组。对于自身具有一定资源的企业，比较便捷的间接上市方式是购买上市公司的壳，将自身资源注入进去，实现上市目标。

　　买壳上市又称"借壳上市"，是指非上市公司购买一些经营状况差、融资能力弱的上市公司较大比例的股权，继而剥离被收购公司的资产，然后注入自己的业务及资产，从而取得上市地位，实现间接上市的目的。

所谓"壳"就是指上市公司的上市资格，借助这样的"壳"公司，可以避开某些限制和障碍，使企业上市能够省时、省力。买壳上市是民营企业间接上市的有效途径。

2. 购买上市公司获得融资渠道

对于买壳上市的目的，不同的企业会有不同的考虑，但根本目的大多在于获得直接融资渠道，以利于企业更好地参与市场竞争。买壳上市给企业带来的益处主要体现在以下几个方面：

（1）迅速获得融资机会

买壳上市和首次公开发行直接上市都是企业上市的方式。并不是所有企业都能够直接 IPO，有一些民营企业无法直接上市。因此，买壳上市可以使企业获得上市公司的地位，从而得到在证券市场大规模融资的机会，这是企业解决融资问题的良好选择。

（2）利于较快上市和再融资

时间和效率在证券市场的重要性不言而喻。监管部门对买壳上市企业的审查较宽松。并且企业在买壳上市后，可以通过资产、业务重组提升上市公司的经营效率，开辟良好的融资渠道，从而具备再融资的潜力。

（3）上市成本较低获得溢价

一般来说，壳公司会长期处于亏损或低收益状态，购买壳公司的价格一般以其净资产总额作为依据。一旦上市成功，在条件具备的情况下，能增强公司的盈利能力，提升市值及股价。这意味着企业在二级市场上能获得超过净资产总额的市值。因此，买壳者就能获得"溢价"收入，投资实现增值。

（4）信息安全受到保护

在 IPO 审核中，监管部门对公司的财务报告、人事变更、交易行为和诉讼等信息有更严格的披露要求，这容易使申请 IPO 企业的经营活动更多地暴露在公众和竞争对手面前。对企业来说，披露信息和保守商业秘密产生矛盾，而间接上市较少受到信息披露强制要求，可以保证自身信息安全。

3. 购买上市公司的风险

任何事物都有正反两方面的效应，买壳上市也不例外。买壳上市具有高效、融资迅速、信息安全等方面优势的同时，也存在着一些弊端和风险。

（1）被收购公司可能并非"净壳"

现在看来，壳公司大部分负债较多，收购方仍然负有偿债的责任。因此企业在利用"壳"资源之前，必须详细全面地了解目标公司的实际财务情况，根据事实决定增持股权以控制壳公司。

（2）业务整合困难

战略性并购逐渐得到企业和资本市场的接纳。实际情况是，两家不同的企业整合到一起，会出现技术水平、管理理念等多方面的差异。因此，业务整合成为企业买壳上市后要解决的首要问题。

因此，企业在决定买壳上市之前，应根据自身的具体情况和条件，做好充分的准备。通过充分的尽职调查等工作，准确判断壳公司的真实价值，从财务、业务等方面了解壳公司的真实情况，以此降低买壳上市的风险。

4. 理想的壳公司在股本、经营、成长性等方面的特征

从具体操作的角度看，当公司准备进行买壳上市时，首先碰到的问题便是如何挑选理想的壳公司。一般来说，壳公司具有下面一些特征：

资本规划与价值管理
CAPITAL PLANNING
AND VALUE MANAGEMENT

（1）股权结构分散的壳公司比较理想

流通股在总股本中占有较大比例的上市公司中，分散的股权结构有利于收购转让。在这种情况下，股权结构分散的上市公司可以成为理想的壳公司。

（2）缺乏利润增长点的壳公司比较理想

上市公司盈利情况对收购具有参考意义。一般来说，业务较单一、缺乏利润增长点或夕阳产业的上市公司可以作为理想的壳公司。

（3）经营业绩差的壳公司比较理想

盈利和业务经营状况在一定程度上反映上市公司经营管理状况。盈利和业务经营状况较差，同时缺乏同业市场竞争力的上市公司，可以成为理想的壳公司。

（4）专业化程度低、变现方便的壳公司比较理想

买壳上市的企业更需要的是上市公司的资格，而不是壳公司的企业知名度、人力资源、技术含量等有形资产。因此，收购方在完成收购后，一般会出售壳公司的有形资产进行变现。所以，如果上市公司的资产专业化程度不高，资产变现相对容易，会成为理想的壳公司。

因此，无论是通过首次公开发行股票直接上市，还是买壳上市，问题不在于上市的方式，而在于是否适合企业发展。对于大多数不具备上市条件的企业，如果企业有财力，但所处行业受国家产业发展控制无法上市，考虑到时机和效率原因，希望企业在短期内完成上市，买壳上市无疑是一种明智的选择。通过间接手段上市的企业只要正确利用自身上市优势，持续提升内在价值，可以迅速发展壮大，具备与直接上市公司一样的市场优势。

32

中国之幸：少一个传统企业家，多一个专家投资人

一般来说，企业发展经历创业、成长、成熟几个时期。在这些阶段，很多企业家容易采取产品思维，缺乏资本思维。因此，众多企业家的经营局面得不到开拓，最终因为陷入产品经营跟不上迅速发展的资本市场带来的剧烈变化的困局，从而失去发展甚至生存的机会。

1. 产品思维与资本思维的相对性

产品思维和资本思维是在立足点和方向两个方面均不同的经营思路。过去的产品思维盛行及其实际效果，不能说明当前它还能具有优势。从产品思维向资本思维转轨是当前企业的迫切需要。

（1）产品思维聚焦产品收入

为用户的需求而设计，从产品角度思考问题是产品思维的体现。尽管产品思维不是最好的思维方式，但是，在过去很长时间里，企业通过产品经营获得生存。产品思维存在自身的意义和价值。

运用产品思维，需要定义目标人群，思考"谁面临这些问题"，然后寻找解决方案，思考"我们要如何解决相应的问题"，这样的思路将会指引我们找到全新的产品功能。它提供的解决方案能够真正解决潜在的问题，使产品思维产生意义。

运用产品思维，打造符合"用户所需"的产品需要设计正确的产品功能，解决用户面临的真正问题。在过去很长时间内，打造优质产品就能赢得市场，因此传统企业仅仅关注产品质量。

（2）资本思维关注增长性

资本思维的核心是跨期利益的实现。"资本"不仅是钱，资本更重要的

意义在于对资源的"支配权"，通过对资源的支配，从而带来更多的支配权，就叫做"资本运营"。而资本运营就是资本思维的体现。

资本运营就是为了资产增值，其体现形式是资本和资产之间的交换。需要明确资本换资产为投资，资产换资产为融资。投资者是资产买方，融资者是资产卖方。买卖双方成交的结果被称为资产并购。总之，资本运营 = 投资 + 融资 = 资产并购。

运用资本思维，需要明确资本有趋利性和增值性，其根本目的在于追求利润最大化。这样就会促使社会资源配置朝着效益最大化的方向发展。而资源将依次流入最有效率的国家和地区、最有效率的产业、最有效率的企业、最有效率的项目、最有效率的个人。

资本思维的实质是结构的重组，将资源进行调整、重组从而产生增值效果。宏观的资本运作是对社会资源的重组，微观的资本运作就是众多企业并购重组。当一个社会的经济依靠"资本运作"来运转时，我们就步入了"资本经济"时代。

（3）产品思维与资本思维具有相对性

表1–5说明了产品思维和资本思维的差异。比较产品思维与资本思维就会发现这两种思维具有相对性。两者在时空观、系统观、价值观上具有很强的对立性。

表1–5　产品思维和资本思维特点对照表（1）

产品思维	资本思维
限定时空思维	超越时空思维
机械物理思维	有机化学思维

续表

产品思维	资本思维
因果逻辑思维	投机概率思维
自孕生子思维	娶妻生子思维
阵地攻防思维	运动游击思维
产品思维卖力	资本思维卖身
产品思维要钱	资本思维要命

表1-6 产品思维和资本思维特点对照表（2）

产品思维	资本思维
提高产值	增加市值
追求赚钱	注重值钱
想法借钱	策划"印钱"
怎样花钱	如何分钱

如表1-6所示，从资金流动角度理解产品思维和资本思维，可以发现产品思维仿佛"静脉"，聚焦收入和成本；资本思维仿佛"动脉"，关注聚合和滋生。表1-7以资金流动形式说明了资本思维的特点：

表1-7 资金流动的动脉和静脉

静 脉	动 脉
从收入流入，从成本流出	从成本流入，从收入流出
产品运营，决定企业是否赚钱	资本运营，决定企业是否值钱
缺钱找银行	缺钱去找投行

2. 运用资本获得持续增长

企业家和资本家因为关注点不同对经营和融资的看法也不同。企业家倾向于算产值，资本家追求市值。计算产值就会关注经营指标，即计算企业从市场赚了多少钱。而资本家进行资本运营，设计的资本运营指标是把企业卖多少钱。

在资本市场快速发展、企业需要获得资金支持上市发展的环境中，企业家需要改变思维方式，从产品思维向资本思维转轨。获得资本助力，适应市场发展趋势，以赢得生存和发展机会。

面临资本市场发展对企业经营环境的影响，争取资本投入机遇，对于企业家来说，需要设计种种解决方案。首先是企业家需要理解和应用资本运营思维，做出商业计划书并融到资，制订未来的市值管理规划，在可能也必要的情况下卖掉企业实现资产变现；其次是就近投资本地优质股权，让企业实现 IPO 上市。

明确了产品思维和资本思维的相对性，就会发现在当前市场上，具有优势地位和竞争力的企业一般采取的是资本思维。因为资本运营可以优化企业的资本结构，带动企业迅速打开市场，拓展销售渠道，让企业获得先进生产技术和管理技术，发现新的商业机会，给企业带来大量资金。众多企业通过获得投资或者实施并购实现持续增长。

（1）某公司挂牌两年时间内，从净资产 1 800 万元增加到净资产 25 亿元

某公司挂牌前只是一个公司内训部门，挂牌时营收不过 3 000 万元。但在李某带领下，公司经营格局不断扩大，尤其是在进入新三板行列后，扩张急剧加速：3 次定向增发，募资 17.29 亿元；通过股权质押和借款，在新三板筹了十多亿元。再加上其他途径的融资，某公司 1 年内共筹到了 30 多亿元。

2015 年 7 月，某公司挂牌不到半年时间，通过投资，成为一家 70 亿元市值创业板公司的控股股东。挂牌不到两年时间，一家净资产 1 800 万元的培训公司，通过新三板成长为净资产 25 亿元、估值 45 亿元的资本集团，旗下还控股一家近 70 亿元市值的创业板公司；同时还掌握着 3 家控股公司，1 家私募基金。

（2）某公司净资产仅有 1 511.5 万元，跨洋 28 亿收购纳斯达克上市公司

某年 11 月，某公司发布一则公告，将通过其子公司以 4.15 亿美元的价格收购 Global Eagle Entertainment Inc.（环球鹰娱乐公司，以下简称"GEE"）34.90% 股份。GEE 是美国纳斯达克挂牌公司。按照目前的人民币汇率计算，这项收购将耗费某公司 28 亿多的资金。

某年 11 月 17 日，在纳斯达克上市的 GEE 市值 6.07 亿美元，7.12 美元每股。这意味着某公司溢价 54.5% 进行了收购。此次收购分别通过两次发行新股和一次邀约的方式，最终以 34.9% 的股份实现收购。

可是，该公司净资产仅 1 511.5 万元，账上现金不足百万，怎样完成这样的巨资收购？该公司此次收购将由债务融资和银行借款的方式募集资金。

（3）某公司收购行业龙头企业

2015 年 4 月，某公司决定斥资 14.83 亿元拆除 VIE（可变利益实体）架构回归新三板，同时完成国内首轮融资，募集 14.83 亿元。11 月某公司正式挂牌。

12 月 7 日，该公司宣布斥资 2.5 亿美元收购行业某龙头公司，由此掀开新三板公司收购中概股的序幕。事实上，该公司无论从收入规模、盈利情况还是用户数量等方面，都比不上行业某龙头公司。但进入新三板后，该公司迅速完成 10.23 亿元的融资，估值超过 30 亿元。而某龙头公司美国上市后市

I 资本智慧
Intelletual Capital

> 资本运营就是为了资产增值，其体现形式是资本和资产之间的交换。需要明确资本换资产为投资，资产换资产为融资。投资者是资产买方，融资者是资产卖方。买卖双方成交的结果被称为资产并购。总之，资本运营 = 投资 + 融资 = 资产并购。

值一直在 2 — 3 亿美元之间徘徊。

在进入新三板 6 天后，该公司向某龙头公司伸出了橄榄枝。陪跑 10 年的该公司完成了弯道超车，实现逆袭。以"挂牌—增发—募资—收购"的顺序，新三板上的行业二流企业整合纳斯达克的行业龙头企业，显示了该公司资本运作的价值与意义。

总之，众多的企业家运用资本思维，进行资本运作，将公司带出困境，甚至并购其他公司增强自身能力，获得价值持续增长。如果中国的企业家都能在做好自己的条件下，重视资本市场价值，利用资本市场的机遇，开拓经营疆界，那么整个市场就会欣欣向荣。

几个思考

1. 结合本节中中国企业 IPO 难的现状思考：对于您的企业来说，如果未来要进行（或已经）IPO，可能遇到（或遇到过）哪些困难和阻挠？

_____

_____

_____

2. 当下，作为企业上市的重要途径之一，间接上市已经成为不少企业上市的首选方式，对此，您是如何看待的？对于您的企业，如果采取间接上市，会面临哪些风险和不可控因素？

_____

_____

_____

3. 在企业市值成长的过程中，对企业的市值管理将逐渐从产品思维的角度转向资本思维的角度。结合本节内容的讲解，找出您的企业经营中的产品思维和资本思维具体有哪些异同。

_____

_____

_____

研读笔记

金融机构的创新服务

金融机构在中国企业发展中发挥着重要作用。随着市场经济进一步发展，国际国内市场形势发生变化，国家对金融机构实施动态监管，不断调整和规范。金融机构的功能也进一步完善，在服务方式、服务内容上都出现重大变化。

从"通道"到"服务"

在企业融资和上市的过程中，金融机构起到提供资金、帮助实现上市的"通道"作用。金融机构作为企业上市的融资对象方，不仅帮助企业实现在当前情况下并购和上市目的，还对这种作用进行进一步丰富、发展和完善，这就是"服务"作用。

1. 金融环境和风险

央行在 2018 年 11 月 2 日发布了《中国金融稳定报告（2018）》，从三个维度覆盖了 23 个专题。众所周知，始于 2005 年的《中国金融稳定报告》的相关专题论述非常深刻，引领着中国金融体系的监管方向。

影响我国宏观经济运行的外围因素及风险主要表现在：全球经济复苏进程受到影响；新兴市场经济体受到较大负面冲击；全球贸易保护主义趋势进一步发展，存在很大的国际市场风险。这些对投资者情绪的影响极大，可能会加剧负面冲击。

中国债转股机制目前仍不完善，而且资金来源和资产投向严重不匹配。中国宏观杠杆率和全球主要经济体相当，且主要体现在非金融企业部门。其中非金融企业杠杆率为 163.60%，远远高于其他主要经济体。中国政府部门杠杆率为 47%，远远低于发达经济体的 100.90% 和新兴市场经济体的 49%。中国住户部门的杠杆率为 49%，低于国际平均水平 62.10%，但高于新兴经济体的平均水平 39.80%。因此整体看来金融违约风险较低。

2. 金融机构问题判断与服务监管

宏观和微观审慎监管是全球主要经济体目前都在做的事情，宏观审慎工具包括建立逆周期资本缓冲、附加资本要求、动态拨备要求、杠杆率、贷款价值比和贷款收入比等风险缓冲指标以及关注系统重要性机构；微观审慎工具则包括最低资本要求、流动性管理、风险管理、问题资产认定及拨备计提、内部控制、现场及非现场检查等方面。

观察国际金融监管实践发现，美国的宏观审慎管理主要致力于减轻中小金融机构监管负担、对系统性风险进行监测和评估、提出逆周期资本要求、对具有重要性的金融机构加强监管等几个方面。欧盟则主要致力于对系统性风险加强监测和评估、发布宏观审慎公报、进行影子银行监测等。

为了使金融机构和企业之间关系规范化，国家对金融机构进行管控。中国的审慎监管主要包括推进金融机构评级、落实全口径融资宏观审慎政策、动态调整跨境资本流动审慎政策、统一资产管理业务基本规制、完善系统重要性金融机构监管、加强金融基础设施统筹监管、全面推进金融业综合统计工作。

中国的审慎监管要求金融控股公司将自身的资产负债率控制在合理比率内，并加强对交叉持股、反向持股、反向融资等方面的监管。同时，由于在并表基础上管理风险集中度与大额风险暴露，统筹管理集团的对外授信。

和国际一样，我国也有综合化金融集团和金融控股集团两类金融控股公司。其中，综合化金融集团包括工行、农行、中行、建行、交行、平安集团、中国人寿、中国人保等。金融控股公司包括五类：国务院批准设立的支持国家对外开放和经济发展的大型企业集团；地方政府批准设立的综合性资产投资运营公司；中央企业集团母公司出资设立、专门管理集团内金融业务的资产运营公司；民营企业和上市公司通过投资、并购等方式逐步控制的投资公司；部分互联网企业，如阿里巴巴、腾讯、苏宁云商、京东等。

中国金融控股公司存在这些问题：借助金融牌照变相放大资本金、满足集团内成员以及海外扩张需要；虚假出资，操控壳公司进行循环注资或借助外部融资扩大规模；集团运作进行监管套利；一些民营企业集团在海外宣称拥有金融全牌照，国内金融监管部门难以掌握其真实情况，产生政策套利问题；将控股金融机构作为"提款机"。

基于对以上问题的调查研究，央行披露，金融控股公司相关监管办法预计将于2019年上半年正式出台，模拟监管试点的五家机构分别为招商局集团、上海国际集团、北京金融控股集团、蚂蚁金服和苏宁集团。

非金融企业投资金融机构存在的监管问题包括：单纯以股权转让溢价、以钱炒钱投机获利；一些非金融企业通过杠杆资金、循环注资、虚假注资等方式向金融领域扩张，跨领域、跨区域、跨国境经营的企业集团或金融集团，利用关联交易、利益输送套取金融机构巨额资金；使用非自有资金投资金融业，金融机构也没有获得真正抵御风险的资本；干预金融机构的正常经营，并将其当成融资平台，以利于集团的迅速扩张。

基于对以上问题的调查研究，2018年4月"一行两会"联合发布《关于加强非金融企业投资金融机构监管的指导意见》，同时《商业银行股权管理暂行办法》《保险公司股权管理办法》《证券公司股权管理规定（征求意见稿）》也相继出台。这些意见和办法主要从非金融企业立足主业、强化非金融企业的资本约束、强化金融机构的股东资质要求、使实业和金融业的风险有效隔离、严格规范关联交易、强化监管协调、规范市场秩序与激发市场活力并重等几个方面着手。表1-8说明了金融监管内容和办法以及相关建议：

3. 金融机构"通道"功能向"服务"功能转换

我国的金融机构可分为证券、信托、银行、保险。证券是指我国政府批准流动的有价凭证、基金、股票、存托凭证、债券。而证券公司的主要业务是推广企业、政府的债券，股票代理、自营买卖，还会参加企业的兼并或者收购。信托是以一种投资代理人的身份，代人理财。我国信托公司的主要业务是财产委托、经济咨询、经营资金、代理资产保管、投资等。银行分为三种：第一种是中国人民银行；第二种是政策性银行，这种银行一般是政府建立的；第三种是商业银行，主要业务是办理转账结算、经营存储、放款。最后一个是保险。保险有责任保险、人身保险、财产保险、保证保险四大类。

表 1-8　金融监管的内容、办法与建议

监管内容	办法	建议
1. 系统性风险在时间维度上随着时间不断积累并最终导致金融体系的脆弱性增加，相应的审慎制度建立逆周期资本缓冲、附加资本要求、动态拨备要求、杠杆率、贷款价值比和贷款收入比等风险缓冲措施。系统性风险在结构维度上表现为金融机构与金融市场之间的关联性，相应的审慎制度为重点关注系统重要性金融机构及金融体系关联度。 2. 监管部门应就最低资本要求、流动性管理、风险管理、问题资产认定及拨备计提、内部控制等方面制订审慎标准，并通过现场及非现场方式实施监管。	1. 完善金融机构评价体系。 2. 落实全口径跨境融资宏观审慎政策。 3. 动态调节跨境资本流动宏观审慎政策。 4. 统一资产管理业务监管标准。 5. 完善系统重要性金融机构监管。 6. 加强金融基础设施统筹监管与建设规划。 7. 全面推进金融业综合统计工作。	1. 强化系统性风险监测评估，建立健全全面覆盖各类金融机构、业务和市场的综合统计体系，开展宏观压力测试、进行金融体系稳健性评估等。 2. 及时、定期识别系统重要性金融机构，并通过并表监管及附加资本和杠杆率等比审慎标准制度更严的监管标准和措施。 3. 通过设置逆周期资本缓冲、附加资本要求和动态拨备要求等加强逆周期调控。 4. 降低金融体系的关联度风险，包括强化金融控股公司监管、统一资产管理业务等跨行业金融产品的监管规制，加强金融市场基础设施监管，设置场外衍生品交易保证金要求及大额风险敞口上限等。 5. 强化资本 / 偿付能力、流动性风险监管。

　　众多的金融机构带动经济健康迅速发展，需要基于金融机构正确发挥它们的作用。金融机构的作用主要有：

· 提供支付结算服务

· 融通资金

· 降低交易成本并提供金融便利

· 改善信息不对称

· 风险转移和管理

监管部门出台的规定和办法对于金融机构行为具有规范作用。这有利于金融机构更好发挥资金支持作用，营造良好投资融资秩序。这同时为金融机构从"通道"向"服务"功能转换创造了良好条件。审慎的金融监管办法和规定不仅为金融机构、为企业服务创造良好秩序和环境，也提出了各种可行方案。从评价体系、落实政策、动态调节、统一管理、基础建设、综合统计等方面指出了方向和服务路径。

总之，金融机构单纯地评估企业，为投资者寻找参考信息的做法已经不符合市场需求，也不能满足企业发展需要。金融机构按照监管部门的规定和办法，为企业融资提供服务，将会激发企业活力，从而从投资中获得巨大回报。

从"门口的野蛮人"到"厅堂的服务生"

将金融机构的功能定位在争夺公司控制权上，就会产生人们所说的"门口的野蛮人"的印象。如果金融机构的功能转换成"厅堂的服务生"，那么资本进入公司就是为了共赢和长期利益。这就从短期投机、关注存量转变到关注长期价值和注重增量提升，对双方都有利的局面因此得以形成。

1. "门口的野蛮人"以控制为目的

以控制对方为目的投资者，被称为"门口的野蛮人"。在资本市场上，这种投资者形象并不完美，因为以控制为目的的投资行为会给双方带来痛苦和混乱。

（1）美国 RJR Nabisco（雷诺兹－纳贝斯克）公司收购案发生在野蛮的资本为王时代

"门口的野蛮人"讲述的是美国 20 世纪 80 年代的故事——RJR Nabisco

公司收购案,是迄今为止交易规模最大的杠杆收购案。取名为"门口的野蛮人",意指竞争双方是内部人的公司管理层和"门口野蛮人"的 KKR(科尔伯格·克拉维斯)。

收购的一方是以罗斯·约翰逊为首的公司管理层,认为市场对公司价值存在低估,故主张实现公司私有化,完成资产重组。收购的另一方是著名并购公司 KKR。KKR 认为 RJR Nabisco 能够持续成长,具有潜在价值,于是两者展开激烈的竞价争夺。第一阶段是"野蛮人"进入,"内部人"大梦初醒,KKR 的参与使得管理层原先的计划全部付之东流。第二阶段是竞标规则设立,三方混战。第三阶段是二轮投标,KKR 终于胜出。

整个并购竞价的过程堪称惊心动魄,资本的较量体现为复杂的、互相倾轧的交易过程,优先股、可转换债券、可转换优先股尽数出现……

这场被称为"门口的野蛮人"的战役显示了美国 20 世纪 80 年代整个资本市场盛行的投资并购狂潮——资本为王的时代以野蛮为特征。

(2)万科宝能之争尘埃落定

中国版的"门口的野蛮人"是万科宝能之争。在不同的国度、不同的时代两次出现"门口的野蛮人",都显示了资本的力量。表 1-9 说明了万科宝能之争的主要经过:

表 1-9　万科宝能之争主要经过

时间	事件
2015 年 7 月 10 日	宝能系首次举牌万科
2015 年 12 月 17 日	宝能系成万科第一大股东
2015 年 12 月 17 日	"宝万之争"正式开打

续表

时间	事件
2015 年 12 月 18 日	宝能回应：相信市场力量
2016 年 7 月 5 日	宝能系持万科 A 股份比例达 24.972%
2016 年 7 月 19 日	万科举报宝能资管计划违法违规
2016 年 8 月 21 日	股权之争已影响万科正常运营
2017 年 6 月 9 日	深铁集团成万科 A 的第一大股东
2017 年 6 月 21 日	王石退位，郁亮接棒

万科是地产界的领军企业。寻求对万科的控股是很多有实力的企业家与投资者的愿望。在激烈的资本控股竞争中，万科经历了不同寻常的自我保护之路。

宝能寻求对万科控股并没有成功，其主要原因是王石不欢迎宝能系成为第一大股东。其中原因有四个：

其一是信用不足；

其二是能力不足；

其三是短债长投，风险巨大；

其四是华润作为大股东角色对万科更加重要。

为何会出现万科宝能之争的局面？首先是因为万科没有设置好股权和投票权。万科本来是国有企业，在其后国企改制、股权变更以及上市过程中，均未能有效解决企业所有者缺位的问题。因此，在以往上市公司的股权争夺中，公司管理层与资本方相比，总是处于弱势地位。这显然是因为没有控股权的管理者处于被动地位。

出现万科宝能之争的局面，还因为万科的股权分散。原第一大股东华润一直作为纯粹财务投资者身份，不插手万科经营事务。华润股份有限公司及其关联公司合计持有万科 A 股股份仅占 15.23%。而包括王石、郁亮等高管在内的管理层持股总数却只有1%左右。显而易见，这种比较分散的股权结构形式已经给潜在的投资者提供了控制机会。

（3）争夺控制权可能两败俱伤

"门口的野蛮人"意在揭示商战中的资本以"野蛮"的方式进入公司，争夺控制权。商战中五大争夺控制权模式包括：管理层收购、引入外来资本、第二大股东篡权、限制性条款、反击性的反收购。

管理层收购是公司的经理层利用借贷所融资本或股权交易收购本公司的一种行为，从而引起公司所有权、控制权、资产等出现变化，最终改变了公司所有制结构。

引入外来资本争夺控制权有两种模式：一种是外来资本直接购买股份，如VC（风险投资）或PE（私募股权投资），即使没有资金，借助外来资本，亦可空买空卖，完成购买股权所需的融资；另一种模式是管理层与外来资本联合，一起进行管理层收购。收购完成后原企业管理者取得企业控制权，外部投资者在适当的时候通过向管理者或其他投资者转让股权退出企业。这是最为常见的管理层收购形式。

第二大股东"篡权"同样发生在股权分散型企业。第二大股东与第一大股东竞争，取得控制权的情况非常多。另外，在二级市场上不断增持，也是大股东间争夺控制权的手段。

限制性条款对争夺控制权有附加和约束作用。限制性条款分为两类：一类是一票否决权，如限定重大事项的决定，或是某个交易的规模、商标适用的限制，全部董事通过才可执行；另一种限制性条款存在于公司章程中。我国的股份公司控制权争夺，几乎都是股权争夺。

反击性的反收购是针对已经发起的敌意收购而采取的反收购措施，主要通过降低自身公司的吸引力，或增大对方收购成本等方式达到阻碍收购的目的。

2. "厅堂的服务生"致力于合作共赢

从"门口的野蛮人"的行为发现，一方资本强制进入，另一方进行抵制，造成了双方的拉锯，不利于公司内在价值提升，会造成混乱。为了改变现状，金融机构需要改变角色，以"服务"代替陈旧的"占领"，这对整个市场发展产生助推作用，有利于经济繁荣。

（1）"厅堂链式服务"提升客户满意度

一个银行大堂经理对客户的服务过程可以说明服务的本质。大堂经理是厅堂服务和营销的核心人物，每一位客户进入大堂后都需要上前问候，并及时地识别、引导、分流以及转介。当客户对某项产品有意向时，将这个环节"链接"上，客户的满意度就能提升。这样链式服务的结果就是客户与银行的业务协议得以达成。以下引用一个大堂经理和客户对话的案例说明链式服务：

大堂经理：您好，请问您今天办理什么业务？

客户：我定期快到期了，这次想看看基金。

大堂经理：好的，您随我到理财经理办公室，请专业的理财经理为您介绍一下。

客户：好的，谢谢。

大堂经理：不客气，这是我们应该做的。请问您贵姓？

客户：我姓高。

大堂经理：高女士，这是我行的理财经理李经理。李经理，这位是高女士，高女士的定期快要到期了，请您帮忙推荐一下基金。

理财经理：好的。高女士，您好！请坐。

大堂经理：高女士，请您喝一些水，我在大堂引导台，有什么需要我帮忙，您在那里能够找到我。

客户：好的，非常感谢。

（客户与理财经理沟通后，再次返回大堂）

大堂经理：高女士，您咨询得怎么样？有没有我能够帮助您的？

客户：李经理刚才帮我推荐了一支基金，但是我不怎么看好，我想明天或者后天再和我爱人来一趟吧。

大堂经理：您放心，李经理是非常专业的，很多客户都非常认可她呢。您与李经理预约具体的时间了吗？李经理留下您的联系方式了吗？

客户：还没有，因为我不确定是明天还是后天……噢，忘记留给她了。

大堂经理：没关系，那这样吧，我帮您与李经理预约，您在这里留下您的联系方式。

客户：好的，谢谢。

这是一次比较完整的厅堂链式服务，客户进入大堂由大堂经理引导至理财室，再到客户预约下一次来到网点，整个过程有四处特色：

其一，在大堂经理引导客户到理财室的过程中，大堂经理询问客户的姓氏，这样做的好处一方面是表示对客户的尊重，避免在服务过程中出现尴尬，另一方面也为向理财经理介绍客户作了准备，使理财经理能够自然地接手，继续服务客户，令客户感受到银行的专业性以及良好的团队协作。

其二，大堂经理在向理财经理介绍客户时，先向客户介绍理财经理，在尊重客户的基础上同时也打破了客户的疑虑。大堂经理明晰地向理财经理介绍了客户的姓氏、转介的目的，能够更利于理财经理在接手工作时进行营销前的"破冰"。

其三，在向理财经理介绍完客户的基本情况后，大堂经理再次礼貌地告知客户要回到大堂服务，如有其他事需要他继续服务时，可以在大堂引导台找到他，这样使客户对整个服务流程产生较深刻的印象。另外在大堂经理离开前，为客户倒上一杯水，也为后续的服务作了铺垫。

其四，在客户从理财室出来后，大堂经理上前询问是否需要其他服务时，这就使厅堂链式服务形成一个闭环，最终使客户成为网点的潜力客户。因此，大堂的服务始终贯穿在整个流程中，有利于提高客户的满意度，同时也能够及时地帮助网点截留住优质客户。

（2）"服务"的本质是互利共赢

1+1＞2的团队效应是所有企业都在追求的模式。同样道理，如果资本方和公司联合起来，也会产生1+1＞2的团队效应。彼此的优势得以保留，双方的劣势得以弥补，最终公司内在价值得以提升，资本和企业都从中收获利益。

资本进入公司，以"服务"为方式，就需要全面了解公司的经营管理情况，了解公司的需求，进而提供包括咨询和管理运营在内的各种帮助，在彼此信任的基础上，建立协作共赢的关系。而且，双方需要求同存异，不以吞并为目标，共同成长的理念可以激发双方的潜力。一旦面临困境，可以获得对方的帮助，而不是出现孤掌难鸣的局面。在服务理念上从"争取控制权"转换到"协作共赢"，在身份上从"门口的野蛮人"转换到"厅堂的服务生"，需要具备长远的战略眼光。如果资本方成功转换身份角色，既是自身的幸运，也是公司的幸运，更是中国经济的幸运。

总之，转换思路、适应变化是经济学理论中包含的基本理念。事实证明，以争取控制权为目标的资本运作思维只会给当事人双方带来混乱和痛苦。如果以"服务"的方式参与投资和并购重组，那么双方收获的包括内在价值提升在内的效益会出现多倍增长。双赢的结果带来的效应是更多的双赢，即多赢。这样从宏观层面的大市场到微观层面的个体都会享有繁荣的机遇。

打破信息孤岛为实体经济服务

信息孤岛是一个普遍存在的问题，不仅在人的层面，也不仅是中国信息化特有的情况；不仅企业内各环节存在着信息孤岛，企业间也存在信息孤岛。这里论述的信息孤岛是指资本、上市公司与标的公司之间的条块分割状况。资本、上市公司、标的公司三方各自专注自己的事务，彼此之间缺少沟通和交流，因此资源不能互补，信息不能畅通。

这种信息不对称的情况造成资源配置效率低下，一方面优质企业得不到融资机会，另一方面资本缺少优质标的。上市公司也得不到并购重组的机会。

1.信息共享助力上市公司融资

打破信息孤岛需要共享的"平台"。这个"平台"的本质就是资本、上市公司、标的三方的互联互通的体系。这里的关键环节是上市公司的融资。上市公司的融资方式和途径多样化有助于解决条块分割和封闭问题，打破信息孤岛，为实体经济服务。目前我国上市公司的融资方式主要是股权融资的增发和配股方式以及发行可转换债券三种方式。每种融资方式都有其独特的优势，但也都存在着不同的缺点。一般来讲，发行公司债券和银行贷款都有政策等各方面的许多限制，因此不是上市公司采取的主要融资方式。三种融资方式优缺点各不相同：

首先，增发是向包括原有股东在内的全体社会公众投资者发售股票。其优点在于限制条件较少，融资规模大。增发比配股更符合市场化原则，更能满足公司的筹资要求，同时由于发行价较高，一般不受公司二级市场价格的限制，更能满足公司的筹资要求。

其次，配股是向老股东按一定比例配售新股。由于不涉及新老股东之间利益的平衡，且操作简单，审批快捷，因此是上市公司最为熟悉和得心应手的融资方式。随着中国证券市场的不断发展和国际惯例要求，配股融资将逐渐退出上市公司再融资的舞台。

再次，可转换债券兼具债权融资和股权融资的双重特点，在其没有转股之前属于债权融资，这比其他两种融资更具有灵活性。

增发和配股作为股权融资，其共同的优点表现在：不需要支付利息；无偿还本金的要求；经营效益要优于借债融资。其共同缺点是：股本在融资后会增加，企业经营效益在短期内难以保持相应的增长速度，企业的经营业绩指标往往被稀释出现下滑现象，效益很可能在融资后反而不如融资前，最终影响公司的股价；融资的成本较高，通常为融资额的 5% ~ 10%；要考虑是否会影响现有股东对公司的控制权。

三种融资方式各有优点和缺陷。如何在资本方、上市公司、标的公司之间寻找结合点？这需要资本方慧眼识珠与上市公司和标的公司找到彼此的认同点。

2. 打破信息孤岛，不断改变业务布局

复星集团采取平台募集资金的方式发展资产管理业务，布局全球保险业务。这种融资手段和寻找错配项目相结合，并坚持以健康成长为目标，获得价值提升。从入手保险和投资、连接全球资源、寻找资源互通渠道看来，复星集团已经打破了传统的信息孤岛模式的影响和束缚。具体来说，复星集团的业务布局演变过程如表 1-10 所示：

表 1-10 复星的业务布局演变过程表

时间	内容
1992 — 1993 年	以咨询策划公司创业
1993 年	开始做医药和房地产销售
1998 年	复星医药 IPO，同年复星地产成立，复星的房地产业务由销售转向开发
1998 — 2007 年	进入产融结合第一阶段，以"主业＋投行"的模式推动产业并购
2007 — 2008 年	业务布局是医药、房地产开发、钢铁、矿业、零售和投资
2009 年	微调为医药、房地产开发、钢铁、矿业、零售、服务及战略投资
2010 年	开始进行海外并购，对地中海俱乐部进行投资
2011 年	整个业务布局变成了保险、产业运营、投资（含战略投资）和资产管理四个板块
2012 年	"保险＋投资"双轮驱动模型基本成型
2013 年	提出"蜂巢城市"的概念，打造闭环生态圈
2014 年	聚焦健康、快乐和时尚，开始将客户定位为富足的中产阶级家庭，快速展开生态圈布局，加快全球生态圈整合
2015 年	将客户群定位于中产家庭，聚焦于"富足、健康和快乐"
2016 年	关注家庭客户幸福生活需求，深耕"健康、快乐、富足"领域，创新"智造"C2M（顾客对工厂）生态系统

复星最基本的投资逻辑就是积极寻找并利用价值错配的机会，坚持价值投资。具体来说，复星在投资方面一直坚持做好三件事。首先是如何找到"便宜的钱"。从利用上市公司平台募集资金，到发展资产管理业务，再到全球保险业务的布局，复星在融资端就一直不断优化创新，从而持续获得稳定、长期和低成本资金。其次是如何找到"便宜的项目"。因此复星一直在提升自己在资产端的竞争能力，在坚持价值投资的基础上通过发掘全球视野中各类资产的错配机遇，不断提升资产收益率。最后是平衡好风险与成长，以长期稳健成长为持续目标。因此复星从融资、投资到投后管理都有非常精细的设计与安排，从而形成复星独特、卓越的投融资能力，即持续发现并把握投资机会，持续优化运营与管理、提升投资企业价值，持续对接优质资本。

复星在实践中形成了"保险+投资"双轮驱动、中国动力嫁接全球资源、提供"富足、健康和快乐"生活方式、反周期投资等具体的投资策略。

（1）进行"保险+投资"双轮驱动，获得价值提升

复星坚持全球的价值投资，需要有相匹配的资金来源。2011年，复星与保德信合作发起规模为6亿美元的复星保德信基金。与保德信合作的同时，复星开始了资金端的转型计划，即改变以往使用自有资金投资的方式，先变为以资产管理为主的投资集团，再到以保险为核心的投资集团。

2011年复星开始构建"保险+投资"双轮驱动模型。至2014年，复星已经成为"以保险为核心的综合金融能力"和"以产业深度为基础的投资能力"双轮驱动的全球一流投资集团。

保险全球化布局的结果，也使得复星的负债与资产的货币配置更加多元和平衡。这种多元化的保险负债结构，让复星可以更从容地面对全球汇率波动加剧的局面，规避风险。

（2）以中国动力连接配置全球资源

复星的成功很大程度上得益于它对中国经济发展节奏的准确把握。这就是利用中国高速增长的消费市场和欧美便宜的消费资产之间的错配，投资欧、美、日的消费资产，帮助它们在中国消费市场成长。

复星利用海外（欧、美、日）低成本资金与中国高收益资产进行错配。为了找到便宜的钱，复星在海外布局了保险业务，并且在德国、意大利、英国和日本收购或投资了私人银行和资产管理公司。

复星有效利用中国13亿人口的巨大消费潜力，利用海外便宜的资金开拓国际业务，实现连接配置全球资源，帮助自己做大做强。

（3）提供富足、健康和快乐的生活方式，提供综合解决方案

在2010年前，复星的投资以医药、地产、钢铁、矿业为主。在2011年之后，复星开始"投消费"和"投旅游"，这种转变主要是源于复星意识到中国的消费动力将快速转变为中产阶级的消费方式。

复星将主要客户定位为中产阶级家庭客户。复星发现，这些家庭的消费有两个特点，首先是注重生命保障需求，希望家庭财富保值增值；其次是强调生命体验需求，重视健康管理和快乐生活。因此，复星坚定地在资产端聚焦 B2F（企业对家庭），投资富足、健康和快乐时尚。复星要解决的是为中产阶级家庭打造非常美好的中产阶级生活方式的问题。

（4）寻找价值错配机会，进行反周期操作

进行反周期投资需要寻找价值错配中最值得投资的行业，在这些行业中找到有价值但被低估的企业，然后与其管理团队一起优化管理运营，将企业转变成高增长性企业，以此获得高额投资回报。复星在行业低谷期进入钢铁、医药、房地产、证券和矿业等行业。

复星利用保险和投资双轮进行驱动，得以从容面对全球汇率波动加剧的局面，形成天然对冲，并成功规避风险。然后，复星准确判断中国经济发展形势和市场发展现状以及趋势，有效利用中国市场的巨大消费潜力来助力自身发展。而且，复星寻找价值错配机会，进行反周期操作，获得价值投资成功。

3. 外延式并购建立长期合作共赢机制

并购合作共赢机制对于资本和企业的合作来说具有重要意义。资本和企业的过往业绩、信誉、商业模式虽然很重要，但是高成长性的吸引力带来的资本支持更重要。因此，优质企业需要走出去，创新资源共享方式，实现并购重组。

（1）外延式并购快速实现多元化发展

乐普医疗使用自筹资金 1.5 亿元与中信证券股份有限公司全资子公司金石

I 资本智慧
ntelletual Capital

> 转换思路,适应变化是经济学理论中包含的基本理念。事实证明,以争取控制权为目标的资本运作思维只会给当事人双方带来混乱和痛苦。如果以"服务"的方式参与投资和并购重组,那么双方收获的包括内在价值提升在内的效益会出现多倍增长。双赢的结果带来的效应是更多的双赢,即多赢。这样从宏观层面的大市场到微观层面的个体都会享有繁荣的机遇。

投资有限公司共同合作设立乐普—金石健康产业投资基金。旨在在医疗健康领域,建立长期的并购合作共赢机制,围绕乐普医疗以医疗器械、制药、移动医疗及医疗服务四位一体的发展战略,通过外延式并购,乐普医疗快速实现多元化发展的战略目标。

乐普医疗通过直接收购、增资扩股或合作办医等多种方式取得控股权;或以行业整合方式,联合其他机构共同收购,进行非控股投资。通过提高被投资标的企业的运营能力和盈利能力实现标的公司的价值提升,最后向上市公司出售或以重组上市方式退出,获得收益。

(2)寻找优质项目进行并购基金投资

寻找和培育优质项目进行并购基金投资,乐普医疗建立投资并购的项目池,通过并购基金实现对标的公司的并购。

除了与中信证券下属金石投资合作设立乐普—金石健康产业投资基金,

乐普医疗还使用自筹资金 3 642.86 万元，投资北京金卫捷科技发展有限公司。通过投资金卫捷，乐普医疗将逐步建立"家庭医疗健康综合服务平台"，最终为公司大力拓展医疗服务业务提供支持。

外延式并购是企业壮大自身的有效途径，然而只有资本注入才会成功。自筹资金成立基金需要强大的自身实力。事实证明，通过畅通信息渠道，利用资本对自身产业信誉的认同和支持，通过与资本方合作的方式建立基金，投资和并购同时进行，会在很大程度上促进产业发展。

资本、上市公司、标的公司三方的合作机制可以保证多方共赢。然而，信息不对称限制了这种共赢局面的产生。因此，探索建立一种三方信息共享的平台成为有识之士的主张。显然，打破信息孤岛为实体经济服务是这种探索的动力和最终目标。

几个思考

1.面对金融环境从"通道"到"服务"的转变，您的企业在与金融机构的服务对接中，将会作出怎样的调整，又将迎来哪些机会和挑战？

_____

_____

_____

2.从"门口的野蛮人"到"厅堂的服务生"，其中的关键在于服务思路的转变，这为您的企业经营带来哪些启示和思考？

_____

_____

_____

3.信息孤岛的存在，无疑是企业上市，上市公司进行资产并购、重组的一大障碍，对于您的企业来说，可以借助哪些资源和渠道，有效降低这一因素所带来的影响？

_____

_____

_____

研读笔记

投资人的价值投资

投资者和企业都在市场上彼此观望，寻找合作机会。对投资者来说，需要寻找成长性良好的企业。投资与增长对于资本增值来说十分重要。因为需要资金，企业力求主动，因此需要适当的改变以适应资本偏好。基于市场分析与判断的投资者的眼光往往是明亮的，并具有前瞻性。

投增长，不是投概念

同时，投资者在选择投资标的时，也需要慧眼识珠的能力和前瞻性眼光。

1. 投资者对企业"赚钱与值钱"的判断

在资本市场上，投资的目的是获得价值增值。然而，如果投资人的价值观基于概念性投资，那么，投资结果就是错误或无效投资。因此，需要正确认识一些问题。

赚钱的企业不一定就是值钱的企业。这些企业包括：渠道代理做工程的企业，专业产品配套商，等等。它们具有以下特点：受区域性市场局限；以重资产投入经营，回收期长；个性化生产经营难以实现标准化的项目；门槛低、容易被别人复制的项目。这些企业都能赚钱却不一定值钱。

那么，什么样的企业容易变得值钱呢？这些企业包括：垄断企业、独角兽企业、连锁品牌、平台服务企业等。这些企业具有以下特点：无形资产含量高；可标准化复制但高门槛；可自我繁殖并迅速扩张市场。这些企业容易变得值钱。

对于投资者来说，他们偏爱的企业具有以下特点：有资产、有产品、有市场、有利润；有理想、有根据、有计划、有资源。因此，如果企业仅仅有"柴、米、油、盐"等硬资产，没有其他必备成长因素，投资者会失去投资兴趣。如果企业仅有远大理想，却缺乏团队和管理等实力，投资者会感到心里没底，对企业没有信任感和信心。至于企业有"想不到、干不了、不愿干、不敢干"等情况，投资者更会避之唯恐不及。

2. 投资者的偏向和企业商业模式创新

投资者的偏好可以理解为投资者对值钱企业的兴趣。值钱的企业往往都是符合市场需求、具有较大潜力的，只要符合市场需求并维持成长性，一般会获得投资者青睐。

（1）投资者偏好成长性强的企业

投资者喜欢那些能够满足客户需求，为客户创造价值，在未来能够为投资者创造持续高额利润的商业模式，这些商业模式往往具有如下特征：

首先，投资者喜欢的商业模式是能获得客户、投资者、人才认同的模式：能获得客户认同，企业高度关注顾客，能够比竞争对手更好地满足客户需求，为客户创造价值；能获得投资者认同，具有价值增值空间和持续成长条件，被市场青睐；能获得人才认同，高管团队和核心骨干认可企业，有一系列内部协调一致的关于经营范围的决策，而且在激励方式上采用了股权激励手段。

然后，投资者喜欢的商业模式具有一套出色的价值捕捉机制或利润模型。其中包括多个盈利模式组合，多点盈利；能够快速复制性生长或成长性生长；突出的竞争优势。

而且，投资者喜欢的商业模式能够使投资者对未来现金流更有信心，具有强大的差异化和战略控制的可靠来源。另外，投资者喜欢的商业模式一看就明白，并且与众不同。它们具有一套精心设计的、能够支持和强化企业设计的组织体系。不仅初始投入比较少，而且能够轻松赚钱。这些商业模式一般是轻资产，企业和投资人能够分享合作、善于整合存量资源。

（2）商业模式创新促进增长

面对投资者的偏好和倾向，企业如何经营？这需要创新商业模式。产品市场和资本市场的商业模式创新的设计逻辑是不一样的，针对产品市场的商业模式创新可以叫作初级阶段，在资本市场上吸引投资者、做大市值的商业模式创新叫作高级阶段。

在初级阶段进行商业模式创新需要认识到企业"赚钱"的本质是为客户提供服务。只有为客户提供有价值的产品和服务，满足客户日益增长和变化的需求，才能获得利润。

企业需要认识到，要吸引投资者，仅做大企业市值还是远远不够的，还必须学会高级阶段的商业模式创新。高级阶段商业模式创新需要认识到识别与变现"价值新来源"的重要性。

要识别与变现"价值新来源"，企业需要进行价值改善型创新，满足原有的生存、发展等需求，用工业化、信息化方式，或者利用技术创新的手段，改造传统产业，降低各个环节的成本，提高运行效率。比如，味千拉面能够成功上市，就是用制造业非常普遍的"工业化、标准化、信息化"改造餐饮业，使其能够快速地复制生长，从而产生了新价值，获得了资本市场的青睐。

其他商业模式创新包括：满足间接第三方需求，实行第三方付费；注意经济中的新广告模式（楼宇广告、电梯广告等）；互联网企业（搜索、社交、微信、微博、新闻网站、视频）。这些是价值创造型创新。没有直接需求，通过创造有价值的产品或服务，引起客户的新需求，再满足这种新需求。

连续多年全球市值第一的苹果公司，就是价值创造的典范。随着乔布斯的再度出山，原本亏损的苹果，不仅扭亏为盈，而且不断打造出引领世界潮流经典产品。其实，苹果能做到世界市值第一，是令不少人难以想象的，因为，从软件来说，不如微软；从硬件来说，不如 Intel；从搜索来说，不如 Google；即便是曾经风靡一时的 iPod，也没有 Sony 的 Walkman 具有革命性。

苹果的东山再起，iPhone 的热卖是其关键所在。在最初的设计阶段，乔布斯要求把 iPod 的功能悉数做到 iPhone 上并要求其能够上网。在当时而言，这些要求被认为是可笑的，但正是因为充分地满足了消费者的需求，iPhone 在当时已经是红海的手机市场上杀出了一片蓝海，而且开创了移动互联网时代。

在这里，苹果公司不仅仅卖手机、笔记本这样的单一产品，而是通过精心的战略布局，缔造出一个"苹果生态系统"。基于硬件与软件、整机与服务的融合，在全球范围内构建出集"硬件、软件、内容"三位一体的生态系统。其主要盈利点有三个：一是来源于硬件产品的一次性高额利润；二是通过软件开发获利；三是通过音乐和应用程序的重复性购买持续盈利。

（3）成长性商业模式的价值判断要素

以客户和利润为中心的商业模式设计一定会给股东带来价值，但是究竟能创造多大价值，而且盈利模式是如何影响市值的呢？有 4 个关键要素决定了公司的价值：

- 销售利润率反映了公司获取利润的能力
- 利润增长率反映的是公司的成长能力
- 资产效率代表资产使用效率的高低
- 战略控制手段是用于保护公司所创造的利润流

以上 4 个指标都是由公司的商业模式决定的，可以用这 4 个指标构建一个简单的模型用于判断公司价值的变化。

3. 持续增长、实现价值的条件

投资者对企业的增长能力十分重视。因此企业需要获得价值增长能力。价值创造依赖于价值实现。价值实现的方法主要有两大类，即基于 4R 管理基础上的投资者关系管理和公司治理。其中，4R 指的是 IR（投资者关系管理）、AR（分析师关系）、MR（媒体关系）和 RR（监管层关系）。

首先，就优化公司治理而言，主要有四个方面：一是董事会的独立性，实践表明，一个企业的董事会越独立，资本市场对其溢价的期望值越高；二是信息披露的质量，资本市场往往会对那些提前在信息披露中提高质量的上市公司青睐有加；三是股权激励的业绩考核，其核心在于业绩考核财务指标的确定与否；最后是员工持股计划的参与热情，因为员工的积极参与，能够充分地释放正面信号，带动市场。

其次，在 4R 管理方面，其运用的最终目的是为了让企业市值能够精准反应企业内在价值的变化与调整，同时消除资本市场和投资者之间的信息鸿沟。

I 资本智慧

Intelletual Capital

> 投资者的价值观基于对企业成长性的判断，是否投资并不是取决于企业当前是否赚钱，而是取决于企业是否值钱。对投资者偏好和倾向的判断对于企业选择产业、行业、商业模式来说具有重要意义。

对于企业来说，在实践中就要思考如何与各方机构保持良好关系，并获得资本市场的认可，从而为企业带来溢价效应。

可以说，投资者关系管理（IRM）是资本市场发展的必然产物，而在这一过程中，又反过来使企业对良好的投资者关系管理引起足够重视。

通常来说，良好的投资者关系管理，对于企业的发展会带来以下好处：

第一，防止公司价值被低估；

第二，打破信息壁垒，减少信息不对称；

第三，打通企业内外部融资渠道，降低融资成本；

第四，为市场注入活力，增强市场信心；

第五，获得市场溢价；

第六，增强价值创造能力。

总之，基于价值增长要求，投资者倾向于成长性良好的企业。为了获得良好成长性，企业不仅需要创新商业模式，而且需要优化价值创造过程。这包括优化公司治理，并进行投资者关系管理。在创新商业模式使之有助于持续成长的同时，企业需要建立与投资者良好互动的关系。以成功的融资和良好的内部治理共同驱动持续成长。

并购增长的确定性原则

并购重组是融资、出资、借助外部资源、整合等方面的结合，以此实现价值增长。在复杂多变的市场环境中，并购重组需要遵循一定的规范。对于盈利能力和业绩真实性的考察十分必要。成功的并购重组建立在对自身和标的公司互相融合的基础上。

1. 并购重组提升市值的意义

用打比喻的方式，可以形象地说明并购重组的形式和实质：如开人家的车船装自家的货；借人家的灯光壮自家的胆；打人家的品牌出自家的名；切人家的肥皂发自家的泡……

并购的交易形式实质上就是买和卖，用流动性强的资产置换流动性弱的资产称作买，用流动性弱的资产置换流动性强的资产称作卖，流动性大致相当的资产之间的交易关系称作换。并购交易过程就是用现金买证券，卖证券换现金；用现金买资产，卖资产换现金；用证券买资产，卖资产换证券；用证券换证券，用资产换资产。

并购重组需要坚持一些基本的原则，这些原则可以帮助投资者和企业实现攻守兼备。它们包括：主业多元化的风险，由资产多元化分担；资产多元化的风险，由股权多元化分解；股权多元化的损失，由资产多元化弥补；用右手当好企业家,用左手当好资本家;企业家坚持专业化,资本家追求多元化;右手赚钱投给左手,右手缺钱找左手融资。

另外,用打麻将来比喻并购重组的过程,可以说明并购重组的双方互换资源,优势劣势互补的必要性及其效果。众所周知,资产并购的结果是公司重组,公司重组的目的是资产优化。这里并购重组的过程就像打麻将,扔掉无用的牌换取有用的牌,最后各方都凑成一手能"和"的好牌,在"打麻将"的过程中提高市值。

2. 并购重组的持续盈利和业绩真实性要求

证监会一直将持续推进并购重组市场化改革作为促进资本市场健康发展的一项重要任务。为切实贯彻"简政放权"和"放管服"改革,善用"有形和无形之手",激发市场内生活力,证监会打出政策"组合拳",即:通过证监会并购重组问答与解释等公开指引;重组项目审核过程透明、审核意见和结果公开的个案审核程序;交易所对上市公司强化一线监管;证监会对违规案件加强立案调查和行政处罚等多重的事前、事中、事后举措,体现出"依法、全面、从严"监管,严厉打击"跟风式""忽悠式"重组,防范过度融资,有效遏制违规减持。这对国内上市公司并购重组交易活动公开、有序、健康开展起到规范、示范和引导作用,提升了并购重组服务实体经济的效能。

(1)持续盈利能力是并购重组的重要条件

"持续盈利能力"成为近几年重组被否的主要原因。2015 年 11 月,某公司披露重组方案,拟发行股份收购某基因公司 61.52% 股权,交易作价 7 亿元。该基因公司成立于 2015 年 4 月,正在进行第三代杂交制育种技术在杂交水稻领域的研发,尚未进行商业化应用。原经营策略是,将在杂交水稻新型 SPT 技术形成专利技术体系以后再进行商业化应用,并预计在 2018 年获得第一批专利授权，2020 年开始产生制种收入。2016 年 3 月，该案被重组委否决。本次交易标的公司 2015 — 2019 年预测持续亏损，本次交易不利于提高上市公司资产质量、改善财务状况和增强持续盈利能力，不符合《上市公司重大资产重组管理办法》第四十三条规定。

标的公司未来持续盈利能力具有重大不确定性，不利于提高上市公司资产质量改善财务状况和增强持续盈利能力，不符合相关规定成为此次并购案被否决的原因。

（2）业绩真实性是并购重组的重要考察内容

常见可疑情形包括标的资产成立时间虽较短，但业绩爆发式增长；标的资产成立时间较长，以往业绩平平，报告期内业绩却突然出现爆发增长；毛利率、净利率等主要财务指标与同行业对比存在异常；公司主要生产要素（固定资产、人员等）与业绩规模不匹配等。

2016 年 4 月某公司重组被否决。某公司拟以发行股份及支付现金的方式收购某农牧品牌（生猪养殖和销售）90% 股权以及另一家农牧品牌 90% 股份，交易作价分别为 4.4 亿元、2.9 亿元。监管部门反馈意见如下：请独立财务顾问和会计师补充披露标的公司报告期业绩的核查情况，包括但不限于合同签订及执行情况、产销量、收入成本确认依据及其合理性、存货及客户真实性、现金结算金额、占比及其真实性、收入与银行流水的匹配性、结算制度内部控制等，并就核查手段、核查范围的充分性、有效性及标的资产业绩的真实性发表明确意见。

根据申请材料所披露的信息，无法判断本次重组标的公司之一某公司业绩的真实性，不符合《上市公司重大资产重组管理办法》第四条的相关规定，并购重组不能进行。

3. 增加盈利点，实现稳健的并购增长

由中科院创立于 1986 年的科技型产业集团——长园集团就恰如其分地诠释了内生式增长和外延式增长的结合。

近年来，A 股上市公司"跨界并购"和"忽悠式重组"现象盛行，与此不同的是，长园集团的成长和市值增长，来自于其长远的产业战略布局，更与其通过一步一个脚印做好并购重组不无关系。如果用"一半靠自主研发，一半靠并购重组"来形容，一点也不为过。

如果仔细研究长园集团的收购案例，不难发现，长园集团的每一次并购并不是单纯的收购，而是源自产业整合的战略布局。并且，其并购模式也呈现出"股权投资 + 收购"分阶段组合的特点。

（1）并购的目的是开拓公司的产业布局

自成立伊始，长园集团仅有 3 个子公司，当时的主要产品也只有单一的热缩材料。可喜的是，经过 10 余年持续并购和整合，其子公司由原来的 3 个增至 15 个。相应地，公司产品也由原来的单一产品扩展到电路保护 PTC、电池电解液添加剂、微机五防、配网自动化设备、复合绝缘子、接地材料等多个领域。

2003 年，长园集团开启并购之旅，其并购的路径主要有：一是基于同一技术的拓展；二是基于同一行业的拓展，进行有关联的跨界并购。依靠这两个路径，长园集团先后逐步实现了其在智能电网设备产业、电动汽车相关材料细分行业以及智能工厂设备细分行业的布局。

（2）"投资 + 收购"的分阶段组合并购直至控股

由于将并购作为企业成长的重要路径，长园集团在并购标的的选择上可谓慎之又慎，不仅要求标的公司业务与现有业务高度关联，并对其在细分行业中的地位也提出要求，同时，更在其业务发展空间、技术门槛、毛利率等

方面提出严苛的条件。而从公司以往的并购历史数据来看，但凡最终被并购的企业，均满足了这些条件。

同样，在并购方式上，长园集团也十分审慎，采用较多的是"投资＋收购"的分阶段组合并购模式。为了实现控股目的，长园集团先是对标的公司开展战略投资，在整合和适应后，再继续增持合适的股份。表1-11说明了长园集团投资收购的不同阶段及其内容。

表1-11　长园集团"投资＋收购"流程表

阶段	内容
寻找合适的并购对象	重点考察与现有业务的关联性、毛利率、业务前景是否具备细分领域的龙头地位
购买（或增资扩股）目标企业15%～35%的股份	成为战略投资人，进入目标公司董事会
并购前的磨合	将整合提前到了并购前，同时进行整合和尽职调查
继续增持，直至控股	继续增持目标企业直至控股，甚至会继续增持直至100%

（3）强大的整合能力是并购成功的保证

很多上市公司都像长园集团一样，通过收购多家公司来实现扩张。但是这些收购来的公司只是简单地叠加在一起，公司之间没有经过团队和业务整合。与此不同的是，长园集团在并购之后能够使标的公司融入现有体系并通过有效整合使其实现快速发展，以此建立新的盈利增长点，并保持持续增长。长园集团并购整合成功的关键原因有两个：

一是"投资＋并购"分阶段并购模式中的并购前双方磨合；

二是各种协同运作和相互之间文化和管理融合。

总之，并购需要在各方信息透明、符合规范的情况下进行，并购以产业局面拓宽为目标，以投资和收购、整合公司内外资源为途径。基于并购各方的现实、具体、特殊的情况创新投资、收购和整合方式有助于长期可持续的并购增长。

投有资本规划的企业

投资人更喜欢有资本规划的公司。这是因为有资本规划是企业可持续成长的条件。对企业来说，资本规划的重要性不仅在于获得资本市场的青睐，还在于保障自身长期发展。

1. 资本规划有效性与方案

资本规划是在一定环境中进行的，需要认识市场基本规律和基本面貌。在这个基础上进行具体的方案设计，可以保证资本规划的落实。

（1）资本规划有效性要求

企业需要意识到资本市场的构成与规则体现在以下几个方面：产品买卖需要有形的商品市场；企业买卖需要无形的资本市场；资本市场硬件是一群中介机构；资本市场软件是一套交易规则；前者发现价值，后者规范交易；入场之前首先要了解规则。

好的公司资本规划，包括统筹公司及下属子公司资本管理，优化资本负债结构，以此提高资本效益。具体内容包括：根据公司经营战略，规划公司股权架构搭建方案，满足业务需要，实现股权结构合理、清晰及相对稳定；规划公司资产负债管理方案，实现公司整体资本配置优化、资金效率最大化；进行公司资本的监测、分析和报告，统筹实施资本事项等。在这些具体方面采取各种方案进行资本规划，可以保证资本规划的有效性。

（2）从宏观和微观两个方面进行资本规划

某银行在制订资本规划的过程中，在资本管理原则和目标、资本增长率维持机制等宏观方面进行设计，而且在管理措施方面进行明确，完成了一次高效的资本规划。

第一，宏观方面的规划策略包括原则和机制。

资本管理原则是保持适当的资本水平，达到监管要求，优化资本结构，合理配置资本，实现资本回报最大化。资本管理目标是综合考虑监管指引和现行适用的资本充足率，以及风险管理战略。这需要定期审查资本结构，维持资本结构的总体平衡。

资本补充机制是实行审慎的资产负债管理政策，通过计划考核、限额管理等手段，实现资产规模的均衡增长。资本充足率接近或实际低于预期目标时，优先考虑通过优化资产结构、加强加权风险资产管理、提高盈利能力等措施提高资本充足率。

在资本增长率维持机制方面，当资本增长率水平接近、低于或即将低于预先设定的目标时，通过合适的外部融资渠道补充资本金，并同时降低红利支付比例。

在资本金补充方式方面，当资本充足率达到10%，符合监管机构关于商业银行发行次级债务的相关监管规定后，选择合适时机发行次级债券，并选择发行混合资本债券、可转换债券等方式，充实附属资本。

至于资本结构与风险控制策略的运用策略，根据我国《商业银行资本管理办法（试行）》规定："商业银行指定资本规划，应当综合考虑风险评估结果、未来资本需求、资本监管要求和资本可获得性，确保资本水平满足监管要求"，可以获得风险评估及资本监管要求方面的指导。

第二，资本规划具体措施包括管理、调整和优化。

首先加强资本规划管理，确保资本充足及温度，定期对中长期资本规划进行重新审查，并根据宏观环境、监管要求、市场形势、业务发展等情况的变化，及时对资本规划进行动态调整，确保资本水平与未来业务发展和风险状况相适应。

其次，加大资产结构调整力度，提高资本配置效率。需要调整和优化资产结构，优先发展综合收益较高、资本占用较少的业务。在业务发展中适当提高风险缓释水平，减少资本占用；保持贷款平稳增长，改善证券投资结构，合理安排直接投资规模；加强表外业务风险资产的管理，准确计量表外业务风险资产；以经济资本约束风险资产增长，实现资本水平与风险水平合理匹配，提高资本使用效率。

再次，结合实际经营状况合理设置红利分配制度。红利分配制度的设置具有两面性。一方面，高红利分配制度会有助于提高银行的股票价格，吸引投资者。另一方面，高红利分配制度又会减少内部留存，从而对维持资本增长率带来负面影响。因此，银行应该结合当年实际经营状况，合理确定红利分配比例。

最后，以符合银行监管要求为基础，适当采用外源资本策略。外源资本是保持资本增长率的重要的可操作因素，进行合理的外部融资，在资本规划中是必要的。

2. 资本规划助推市值提升

2004 年成立的乐视是一家依靠视频业务起家的公司，乐视首日 IPO 收盘的市值为 21.48 亿元，2015 年 5 月 13 日市值最高达到 1 655.75 亿元。然而，乐视市值的增长似乎不是因为生产了高质量的产品或者提供了高品质的服务，而是因为自身资本规划方面的独特之处。

（1）资本规划通过发布会得以公开，产生市场较高关注度

乐视仅 2015 年就举行了 27 场发布会，平均每月 3 场左右。2015 年 1 月"定义未来"发布会，推广品牌。4 月手机、电视发布，推出硬件产品。8 月推出自行车和乐视云，影响力进一步提升。9 月推出"SEE"（超级电动生态系统）计划，并进入香港发布。11 月进行影视发布。12 月宣布与 TCL 进行战略合作，产业格局进一步扩大。一系列密集的发布会既包括硬件产品的推出，又包括品牌形象和文化理念的推广。

（2）以智能硬件为突破口，获得市值增长

乐视业务领域的切换，每一次都能带来市值的成长，从电视到硬件领域，再到覆盖手机、自行车和汽车领域，皆是如此。随着 2013 年 5 月 7 日首个硬件产品北京发布会的举行，以乐视超级电视为跳板，乐视正式进军互联网电视领域。乐视的超级电视产品阵营虽然对乐视的内在价值贡献其实并不大，但这无法阻挡乐视股价的上涨。同样地以 2015 年 4 月 14 日超级手机发布会为开端的乐视手机，尽管其市场份额极低，但也依然能继续拉升乐视股价。再看超级自行车，2015 年 8 月 11 日超级自行车发布会之前，其股价已经提前上涨。

（3）高密度投资和融资体现资本运作能力，获得资本市场溢价

一般认为，一个频繁进行投融资的企业会被认为具有较强的资本运作能力，常常会因此获得资本市场对其青睐并给予较高溢价。乐视在资本市场不断地推广发布，以便进行"融资、融资、再融资"。

为了打造生态圈，乐视围绕硬件及内容领域投资了许多 A 轮前后的小公司。除此之外，比较重要的投资和收购还有乐视影业、易到用车、花儿影视等。

（4）以明星经理人提升知名度与影响力，助推投融资能力提升

一般公司是找明星做产品代言或形象代言，如乐视是直接将各个行业的明星和行业大咖挖来做职业经理人。利用这些各行明星大咖的名气直接吸引眼球，提升乐视品牌形象。

乐视的资本规划从硬件开发到密集投融资，再到广泛传播信息、造成重大影响，然后寻找明星经理人参与团队，利用他们的影响力和资源，这些策略和方法都服务于价值提升，以实现市值增长。密集的投融资是最重要的资本规划体现，硬件开发是资本规划的前提和基础，高端人力资源是资本规划的保障和助力。乐视能够获得频繁的融资机会，提升市值，是因为多方面的资本规划与举措。这些规划与举措基于自身价值提升，紧紧依靠资本市场。乐视运用投资市场的规律，利用投资人对企业资本规划的需求心理，进行了卓有成效的资本规划。这是密集的投融资的原因，也是结果。

总之，投资人的价值观包括对企业资本规划的重视。好的资本规划，有助于企业持续成长、增长市值，使投资人价值最大化。企业在资本规划方面需要认识到长期、可持续发展的要求与目标，在投资和融资两个方面抓住一切可以利用的机遇。好的资本规划既助推企业自身实力提升，又便于获得资本市场和投资人青睐，其重要性显而易见。

几个思考

1.结合本节的内容，自我诊断一下，当前您的企业是"赚钱"还是"值钱"，要持续增长、实现价值，目前具备和欠缺的条件有哪些？

_____

_____

_____

2.针对企业当前／未来可能存在的并购／重组项目，您能够列举出哪些盈利点？

_____

_____

_____

3.根据本节内容，如果您即将对外投资某企业／项目，您会从哪些方面判断其是否具备投资价值？

_____

_____

_____

政府机构帮扶重点

政府在地方产业发展中起到宏观调控的作用。利用上市公司的资本平台促进并购重组，以此进行产业链延伸和拓展，从而促进产业结构优化升级，并有助于形成生态型产业。围绕上市公司进行招商引资，可以集结一批优质产业资源，不断扩大产业集团。这同样有助于产业生态发展。

充分利用上市公司的资本平台为地方产业发展服务

政府在推动地方产业发展方面具有市场所没有的功能。政府促进地方产业发展的方式是利用上市公司的资本平台推动企业内外价值提升，从而促进并购重组，进行资源整合和产业链拓展，最终建立生态型产业。

1. 政府参与地方产业升级的必要性

因为市场自发调节作用的效率问题，政府参与地方产业发展十分必要。

政府需要引导产业从低效的趋同性向高效的聚集性发展。虽然决定产业集群产生的主导力量是市场而非政府，但随着市场经济发展深化，地方政府在推动和引导产业发展过程中起着越来越重要的作用。

政府是区域经济发展的主要组织者，地方政府可以解决产业发展中市场本身难以解决的一些问题，促进其健康发展。我国现有的条件下，产业集群内的中小企业大多还缺乏自我升级的能力，而且由于产业集群"拥挤效应"的存在，集群内的企业若发现另一区域能更好地降低成本，投资的区域转移现象将不可避免地发生，这将最终导致区域产业集群的低效运营。要解决上述问题，不能仅仅依靠市场自发调节，需要政府介入，以此促进产业集群升级。

2. 上市公司对产业发展起引领作用

政府在推动地方产业发展中起到了宏观调控作用。与此同时，上市公司在这个过程中起到根本性作用。众多的上市公司在政府的宏观调控下获得了良好的外部环境。在这种情况下，上市公司通过资本运作进行并购重组获得成长，同时促使区域产业结构趋向合理和优化。

（1）上市公司依托资本市场勃兴

从改革开放先行者到资本市场大省，浙江的上市公司群体在 A 股市场聚合成了别具特色的"浙江板块"。"浙江板块"是如何崛起的？又是如何助推区域经济发展的？经调查研究发现，政府部门、上市企业和监管机构进行合作，开辟出了一条依托上市公司并购重组，推动区域产业发展的道路。

巨星科技坚持以工匠精神打造品牌，专注做好主业。同时，充分运用资本平台适时并购，推进全球化战略。巨星科技并购美国百年品牌 Arrow（箭牌）公司的交易顺利完成。Arrow 的销售渠道、制造能力和强大的品牌影响力，结合巨星的制造技术、创新能力和全球影响力，为全球客户提供更多的创新服务和更优质的产品。巨星科技的崛起是浙江上市公司依托资本市场勃兴的一个缩影。海康威视、苏泊尔、华海药业、华谊兄弟、浙江龙盛等一大批浙江企业，都已成为各自细分领域的龙头企业。

对浙江上市公司并购重组的新特征进行总结，可以发现以下几点：

第一， 从机会型并购向主动型并购转变，企业根据自身情况选择合作项目；

第二，从中小项目、尝试性项目向大项目、战略性项目转变；

第三，并购项目选择朝着与地方经济发展更紧密结合的方向转变，企业发展目标和政府政策导向实现趋同。

上市公司有产业链优势，也有拓展产业链的强烈意愿，能够组织基于产业链细化基础上的专业化分工协作体系。通过延伸产业链、控制优质资源、布局多元化产业等方式，实现转型升级。

当地政府可以推动有利于市场化重组的重点项目，上市公司数量多、质量较高的县市，都通过上市企业实施并购，将国内先进的募投项目和境内外优质的并购项目引回本土，逐步从产业链拓展到整体产业布局，实现蓬勃发展。

（2）上市公司是产业发展的动力

第一，上市公司在区域产业发展中起着决定性的作用。

上市公司发展对拓展区域产业的规模、提升区域产业质量有决定性作用，并决定区域经济的产业形态、产业构成、产业发展趋向。

上市公司的决定作用可以从两方面分析。一方面，上市公司是区域经济的增长极。上市公司通过各种有效的资源配置方式集聚经济能量，可以通过集聚、扩散、回流、连锁的多重效应决定着区域经济在经济空间中的地位。另一方面，上市公司是区域经济的创新源。创新集中于那些增长速度较快、能够发挥先发优势、领军型企业，上市公司就是这些领军型企业的代表。上市公司在战略、技术、商业模式、品牌等方面的创新，既提升应变和竞争能力，又能引领区域经济创新发展。

第二，上市公司的并购重组是优化资源配置、推进区域产业转型升级的最佳途径。

上市公司具有较强增长潜力，它们能够在复杂经济信息中清晰认识自身，而且能够准确把握行业方向，还能够通过扩张和重组，对产业变革和升级起到引领作用。对于区域经济来说，上市公司的并购重组能适时转变区域经济能耗高、附加值低、产业链单一的粗放型增长模式，实现先进生产要素的快速集聚和产业国际化，推动区域经济结构的深度调整。随着区域经济证券化率的持续增长和上市公司的不断增加，上市公司并购重组成为加快区域产业转型升级、优化资源配置的重要操作平台。

毫无疑问，上市公司对市场的引领作用显著。上市公司利用具有优势地位的资本平台对其他企业进行并购重组，可以促使自身产业的壮大。集结的资源和产业可以拓展产业链，扩大的产业链提升集约化经营的水平，这能进一步优化资源配置效率，促进经济繁荣。因此，众多上市公司利用资本平台集结资源和产业，对于产业发展、经济繁荣意义重大。

先有"企业"，才有"产业"

企业作为市场中的分散个体，需要互相结合形成产业链，以至形成产业生态。产业对于经济发展的意义在于集约化经营带来的经济效益显著提升。政府在产业群形成的过程中起到引导和帮扶作用。

1. 由"企业"转变到"产业"的效益

产业集群是指在某一特定区域内、某一特定产业领域中，众多既相互独立又相互关联的企业及其关联体系，依据分工协作关系而形成的一种具有一定优势的经济群落。从产业集群内部看，企业之间体现为纵向交易关系和水平竞争关系；从市场层面看，产业集群体现为有空间限制的、具有分工和协作关系的组织。产业集群发挥作用是依靠劳动力、资金、科学技术、市场供需状况等因素的综合效应。

产业集群的特征及其带来的效益一般表现为以下几点：

（1）规模效应

产业集群区内形成区域规模效应，需求和供给的聚集，促使生产、销售的规模扩张。其次是市场效应。区域主导产业存在上下游关系的纵向产业部门间有着密切的分工协作关系，专业化市场、共享信息资源、集中化消费需求促进了区域市场化提升。

（2）成本效应

产业集群区物质、信息、人力等要素资源流动充分而有效，进而降低了交易成本，而降低交易成本正是产业集群的优势本质所在。

（3）辐射效应

主导产业发展也带动了相关物流、金融、交通、服务等产业的聚集发展，从而有助于促进整个地区经济的飞跃。

2. 政府行为的意义与原则

政府在产业发展中的作用主要体现在良好环境营造和服务性政策支持等方面。在服务过程中，政府需要利用自身特殊地位，在发展方向引导方面坚持帮扶、市场导向、因地制宜、科学发展等原则。

（1）**政府在产业发展中的作用**

我国市场制度还不完善，产业集群一般是由中小企业所组成，它们面对的是相对不利的环境，需要更多的支持。政府适当的介入能够改善产业集群的外部环境，从而促进产业集群升级和竞争能力的提升。政府提供支持性的基础设施，建立动态的、助推产业集聚化的制度。

（2）**政府发挥作用的原则**

第一，促进与帮扶。

事实上，绝大部分集群是在少数企业家创始企业的基础上逐渐自发形成的。尽管通过政府主导的方法可以迅速地建立集群的雏形，但这样的集群往往缺乏自生长能力，不够稳定、不能持续。因此，在集群形成和发展过程中，政府发挥作用的方式是促进和帮助，而不是凭空创造集群。

第二，市场导向。

只有依靠市场机制作用和尊重市场规则，才能纠正市场失灵和制度失效。地方政府如果能够摒弃狭隘的地方保护观念，坚持公平竞争，避免行政区对市场的分割，也就能够鼓励高素质企业加盟集群，引导集群企业进入全球产业链体系，从而积极参与国际竞争。

第三，因地制宜。

集群的产业性质、组织方式、规模大小、发展阶段不同，创始条件不同，所在区域的经济社会文化环境不同，所在区域市场发育程度不同，因此集群自身存在的问题不同、发展目标不同、需要改进和加强的重点也不同。政府只有针对具体问题制订政策和产业发展规划，才能有效利用集群提升地方经济发展水平。

第四，分层管理。

在产业集群发展规划与治理上，中央政府的主要职责是提供必要的法律制度保障。省级和市级政府需要对所辖区域的产业集群进行调查研究，对其发展规律进行总结，发现问题，在此基础上制订适宜的发展规划和政策。县乡政府需要支持中小企业，并提供各种服务，进行管理。因此，在构建既有层级、又适应统一市场要求的产业集群政策体系方面，中央和地方政府不仅需要互动，而且需要发挥不同作用。

第五，以科学发展观为引领。

产业集群在发展初期，其组织构成一般是中小微型企业。在污染治理方面缺乏能力，而且缺乏创新资本、技术能力。政府需要高度重视环境保护、资源节约；高度重视规范竞争秩序问题；鼓励创新、引导创新。坚持这一原则，可以促进产业集群可持续发展，以至于经济社会全面协调发展。

3. 地方政府战略规划与服务促进产业辐射

地方政府在产业发展规划方面具有重要作用。政府角色不仅在于战略规划，还在于秩序规范和环境服务。政府需要明确自身角色，利用比较优势，取得产业辐射的显著效益。

（1）产业集群比较优势及问题

如何将比较优势转化为竞争优势、将潜在优势转化为现实优势、将资源优势转化为产业优势？这是地方政府在提高区域竞争力中需要思考的问题。合肥区域具有承东启西、接连中原、贯通南北的重要区位优势和丰富的物产，人力资源，劳动力、土地等要素价格相对较低，这些比较优势正在通过发展产业集群而逐渐释放出来。

合肥区域产业集群发展已经初具规模、初具特色，但是也存在一些主要问题：产业集群发展缺乏整体设计和全面战略规划，产业链单一分散，企业之间缺乏协作，也缺乏能带动产业集群改造升级的龙头企业；不够重视传统产业聚集，轻视中小企业和项目的集群；产业集群基本上按照行政区划划分，其布局仍然不合理等。

（2）产业辐射中的政府角色

加快区域产业集群发展，解决以上存在的问题，并以此提升区域整体竞争实力，不仅需要发挥市场对资源配置的基础作用，而且需要政策引导、环境催化的作用。因此，发挥政府作用是产业集群发展的重要路径。

第一，政府的战略规划角色。

政府制订本地区产业集群战略规划，根据本地区的区域特色及资源优势选择几个可能形成产业聚集的主导产业，制订优惠政策及本地区战略目标，使产业粗放经营向集约经营转变，积极推进区域资源要素有效整合，重点加强产业、资金、市场的横向协作，以此打造产业生态链，实现产业转型升级发展。

第二，政府的秩序规范角色。

政府需要提供有序的市场竞争环境，保护广大厂商和消费者的利益，还需要营造良好的信用环境和法制环境；要制订和完善跨国公司在本地区投资发展的法规；要建立知识产权保护制度，调动投资创业的积极性；最后需要破除地方保护主义障碍，加强区域合作。

第三，政府的环境服务角色。

政府改变管理经济的运作制度、程序和方法，提高管理和服务效益，需要从传统的行政命令职能向公共服务职能转变，以此创造良好的区域市场和制度环境。政府需要建立以市场为主导，企业为主体，充分发挥各类科技人才积极性和创造性的创新机制。而且政府需要提供丰富信息，引导企业家形成资本市场运作意识和国际市场视野，促进产业集群发展，带动区域经济振兴。

4. 从"企业"转变到"产业"的措施

从"企业"到"产业"转变，企业自身需要紧跟市场发展趋势，寻找机遇进入产业链的融合阶段。政府需要进行包括产业选择在内的宏观调控和合作平台建设。

（1）研究产业集群发展规律

我国产业集群已成为重要的产业组织形式，在国民经济发展中的地位越来越突出。由于产业集群统计的不足阻碍了我国集群的理论研究，影响了政府科学制订集群规划和战略，妨碍产业集群的生成、发展。因此需要对产业集群进行研究，以此为政府政策制订及企业决策提供依据。

（2）产业选择和规划

产业集群类型多种多样，其存在的领域也比较广泛。地方政府在产业选择上，既不能盲目跟风，又不能受区域限制。需要更加重视被大企业忽视的产业类型，更加重视处于雏形的产业，大力发展特色产业。还需要坚持从实际出发，逐步实施；不仅尽力而行，而且量力而行。同时配套制订相应的财政、税收等方面的保障政策。以此发挥产业集群的内生性比较优势，这有助于产业竞争优势的形成。

（3）产业集群发展的平台建设

需要通过设立产品质量检测中心，进行质量监控和遏制恶性竞争行为。在促进信息流通和合作的基础上，为各类企业的知识产权创造、管理和保护提供便捷高效的服务，建立维护市场秩序的平台。需要建立和完善集群内部协作网络，疏通集群与外部的信息交流渠道，建立信息平台。需要完善担保和融资支持网络，建立金融信息共享平台，以此解决企业的融资难题。

总之，在产业集群发展中政府应该间接介入而不是直接参与，通过制订政策导向和完善服务体系，规划和选择产业，促进产业集聚和升级。政府通过多种平台建设发挥自身在行业管理、信息共享、商业协作、筹资融资等方面的作用。在这种制度和市场环境支持下，众多的中小企业在各自商业区域可以形成产业链上的结合体，产业集群就会逐渐扩张升级，区域经济因此得以发展壮大。

围绕上市公司做招商引资

当前经济发展中出现了一些新情况，经济下行风险加剧，中小企业融资难，企业上市难。这造成产业转型升级困难，对产业发展不利，从而不利于整体经济恢复和发展。地方政府的招商引资在产业发展中起到关键作用，而且，围绕上市公司做招商引资，可以保证产业发展处于一个较高起点上。这对于整合优势资源、带动产业发展意义重大。

1. 上市公司在突破经济困境中的贡献

上市公司群体是市场发展的重要依托，也是解决当前经济问题的重要突破口。在经济增速放缓的情况下，上市公司的优势已经慢慢显现。企业正在学会运用资本的力量，通过海外并购等途径不断发展壮大。

上市公司正成为逐渐兴起的海外并购热潮中的主要力量。并购助推企业调整产业结构、寻求更大发展空间的内生增长，是整个区域经济未来发展路径的缩影。而且上市公司成为投资并购的主体，成为区域经济发展的有力支撑。

（1）传统民营企业转型之困

今后几年，总需求低迷和产能过剩并存的格局难以根本改变。这对企业意味着什么？据分析，在结构转型过程中，最先受到冲击的是那些劳动密集型的低附加值企业；然后是一批高能耗、高污染的能源密集型企业。

前几年宏观政策相对比较宽松，浙江企业开始扩张。但是单纯的规模扩大并不能避免企业出现各种问题。出现的问题及其原因如下：

第一，企业负债率过高。

前几年很多浙江企业的负债率在 65% ~ 70% 之间，甚至高达 80%。中大型企业多属传统行业，与新兴行业有高增长率作为支撑不同，一旦因为盈利问题出现现金流短缺，银行就会采取措施限制放贷，企业就会进一步陷入困境。

第二，资产扩张与资本结构优化不同步。

在浙江民营企业中，亲戚、同行、老乡是最重要的原始股东，股权结构固定难以改变。过去银行贷款是企业融资的主要渠道，这引起民营企业资本金补充缓慢，有些企业已经多年未补充资本金，股权结构没有改变，从而无法聚集更多社会资源。

第三，盲目追求多元化。

浙江民营企业家认为只要有信心、能吃苦，就能成功。事实是，现在经济环境已然改变，企业如果仍然按照过去的思路进行扩张，就非常容易错误进入其他行业领域。盲目追求多元化风险巨大。

第四，管理升级机制不完善。

家族式企业的高管大部分都在家庭内部产生，如果仅仅通过家族内部成员参与管理，企业管理升级很困难。如何引进人才，补充和更新高管团队？民营企业需要重视和解决这个问题。

（2）上市公司是突破困境的最佳范例

上市公司是困境中突围的最佳范例。在经济增速放缓、产业调整升级阶段，大量企业处于迷茫和失落之中，但是浙江的上市公司群体却是市场上的亮点。整体看来，浙江上市公司为区域经济增长提供了新动能。为什么上市公司会有这样的表现？

第一，上市公司的负债结构更为合理。

浙江上市公司的负债水平普遍在 50% 左右，新挂牌的公司普遍在 30% 以内，这是非常健康而安全的数据。

第二，上市公司拥有多种融资工具。

这些融资工具中有很多中长期融资手段，使得上市公司的稳定性迅速增强。

第三，上市公司的业务拓展受到证监会监管。

证监会的监管能够在很大程度上避免盲目扩张。一般情况下，上市公司采取并购重组等重要行动，需要向社会公开，并接受一系列审查和评估。因此，上市公司业务拓展决策和计划会更为理智和周密。

第四，在人才补充方面，上市公司有更好的条件。

在上市公司利益分配机制上，将高管收入与公司利益进行绑定。采取股权激励的方式，使高管能从公司的成长中收益。

2. 上市公司引领产业发展

成为行业龙头的上市公司引领相关企业上市成为潮流，因此得以盘活打通产业上下游，形成产业链和产业生态。上市公司利用资本市场解决了资金问题，培育了龙头企业，在引领产业发展中作用显著。

（1）上市公司盘活产业链追求高度

2015 年 5 月 7 日，浙江省政府开始探索依托上市公司带动地方经济转型升级。据报道，浙江绍兴有个市辖区叫上虞，这块很小的地方聚集了十余家上市公司，老牌大公司率先上市，引发了身边企业的上市热潮，进而形成了"上虞现象"。

从乡镇企业做到行业龙头，需要依靠企业家的勇气和智慧。而从行业龙头开始做大做强，必须承认并购的重要推动作用。通过开展并购重组，公司形成了新的业务结构和最优全球化布局。在上虞，上市公司连接产业的上下游，本地企业更多地从盲目竞争转向了协同合作，促进了产业集聚和升级。

（2）资本市场助力上市公司发展地方产业

资本市场和企业发展相辅相成。市场实践表明，资本市场培育、造就了一批行业龙头企业，资本市场对地方经济助推作用进一步显现。通过多元资本市场推动上市公司发展，然后以上市公司带动地方产业发展。

第一，资本市场解决民营企业"多重问题"。

资本市场不仅仅解决了企业资金短缺的问题，而且帮助民营企业通过资本证券化带动企业治理规范化，改变家族管理模式，建立现代企业制度。

第二，资本市场培育造就了一批行业龙头企业。

数据显示，截至2010年年末，四川有上市公司90家。20年来，四川资本市场总计实现融资1 185.12亿元，培育造就了东方电气、五粮液、新希望等一批在全国有影响力的行业龙头企业，带动了地方和区域经济发展。

第三，资本市场对地方经济引领作用进一步凸显。

四川上市公司为地方经济发展作出了重要贡献。部分上市公司盈利水平较高。目前，上市公司已基本覆盖了四川重点优势产业，既有东方电气、五粮液、攀钢钒钛等主板龙头企业，也有科伦药业、川大智胜、吉峰农机等富于创新能力的中小板、创业板企业；一些高新上市企业引导各类要素和资源向战略性新兴产业流动。

（3）借力上市公司带动地方产业发展

四川省利用资本市场这个平台，将一批行业龙头企业做大做强，促进产业聚集，优化产业结构，推动产业转型升级。四川把实体经济与资本市场有机结合，依托上市骨干企业，带动地方产业发展，成为区域经济发展可资借鉴的范例。上市骨干企业对地方税收、就业等起到了重要作用。因此，可以看出，依托资本市场的上市公司价值得到显现，在区域经济发展中的作用日益重要。

总之，产业发展需要上市公司的助推，上市企业对产业发展具有重要贡献。这体现在实现转型、突破困境上。地方政府招商引资的目的在于促进集约化发展和产业链融合和升级，繁荣区域经济。这需要借力上市公司，围绕上市公司招商引资是政府需要采取的市场调控策略。

几个思考

1. 作为企业成长中一个重要的影响因素，政府机构及其政策对企业发展的影响不可谓不大。您的企业在日常经营中，面对政府机构，都作了哪些对接与配合？

_____

_____

_____

2. 从"企业"到"产业"的跨越，需要企业重视自身的力量和行业影响力，更需要企业重视政府机构的引导和协调，为此，您的企业获得了哪些方面的支持，接下来最需要哪方面的支持？

_____

_____

_____

3. 结合本节内容中浙江上市公司的困境突破案例和关键点，您的企业从中能够得到哪些启示，如果您的企业要实现突破，还需要作出哪些调整和努力？

_____

_____

_____

研读笔记

CAPITAL PLANNING
AND
VALUE MANAGEMENT

第二部分

解决方案设想

第二章

转化思维

企业经营向产业经营转变，需要理解：竞争具有产品、产业链、产业生态三个层级。随着层级的提升，竞争格局逐渐扩大，涉及因素也逐渐增多。其中产业生态竞争促使千亿市值的企业产生，尽管这是凤毛麟角。产业经营转轨通过产融、产地等结合实现。企业家的产品思维向资本思维转轨是企业做大做强的必要条件。企业赚钱远远不够，在资本市场迅速发展的环境中，企业需要向值钱转变，以高价值获得"印钱"的能力。这些需要将传统的市值管理视角转换到价值管理视角，也需要认识到对标杆、找差距、练内功是价值管理的核心。

企业经营向产业经营转变

在产品竞争、产业链竞争和产业生态竞争三个层级的竞争中，产业链竞争和产业生态竞争很可能会造就千亿市值公司。在此过程中，资本、并购、创新等至关重要，产业经营转轨也十分必要。通过资本运作进行产融结合，通过产业与政府、地方产业、专业人才等方面因素相结合，可以实现产业经营转轨。这对于市值增长和价值增长具有重要意义。

竞争的三个层级

中国企业家发展的道路具有鲜明特征。其过程一般体现为：从个体户开始，到老板、企业家、产业资本家，最后到金融资本家。不同阶段的经营理念和内容显著不同。同时，企业经历以下发展过程：初创期、萌芽期、成长期、成熟期、衰退期。在盈利方式方面经历以下过程：从挣钱开始，到赚钱、值钱，再到"印钱"和花钱。

以资本为视角观照企业发展路径，可以发现一般企业经历以下过程：从设想开始，到建模、复制、行业领先、准备上市、整合对手，最后实现市场覆盖。从融资角度看，首先是种子轮融资，再到天使轮融资、VC（风险投资）、PE（私募股权投资）、pre-IPO、IPO、并购，最后实现垄断。

在企业家带领企业发展过程的不同阶段和不同时期，企业与同行业以及不同行业的其他竞争对手不断进行不同类型的竞争。产业边界清晰的情况下，拼技术和设备；产业边界模糊的情况下，拼服务；如果是自设产业边界，那么企业就拼系统解决方案。企业竞争的格局出现了几个阶段的变化，主要体现为从产品竞争到产业链竞争再到产业生态竞争。

1. 产品竞争聚焦于产品品质和功能

产品竞争聚焦于产品品质、功能，因此致力于产品竞争的企业需要进行产品研发、功能升级。但是，当前中国市场和国际市场，单纯的产品竞争不能带来决胜局面。包括资源、资本等在内的其他众多因素的竞争共同影响竞争局面的形成。

中国是全球家电制造第一大国，在国内，第一大家电企业之争由来已久。数据显示，2017年海尔与美的两大集团营业总收入同为2 419亿元，不分上下。

海尔从1998年就提出国际化，并且一直在海外坚持自主创新品牌。美的2017年初宣称已经完成了一系列的全球并购。

两大集团总部分别位于中国南方和北方，2017年两大集团营业总收入持平说明它们旗鼓相当，但这引起2018年更加激烈的市场竞争。

（1）全球化定位不同

在全球化战略上，海尔的定位是"自主品牌+本土化运营"，自1998年起，随着国际化战略、全球化战略的提出，其自主创牌和本土化运营以实现本土化品牌的全球化就从未停止。

与海尔不同的是，美的的全球化定位是出口型全球化，其特色是以贴牌代工、出口创汇为主，其产品也深受海外不少发展中国家的消费者喜爱。

（2）全球化进程不同

海尔"三位一体"的本土化运营，是海尔的全球化的重要支撑，这一点，从海尔在海外的研发、制造和营销布局上，就能清楚地看到。由于要与当地的本土化品牌以及国际一流品牌同台竞争，只有做到售前、售中和售后的配套体系相互适应，其自主创牌之路才能坚守。

而美的则不同，由于在海外自主品牌较少，通过贴牌和代工就能实现产品的生产和加工。其全球化，相较于海尔而言，无需承担售前、售中、售后的成本支出，还能通过提升出口量提高出口收益。

（3）自主品牌市场覆盖不同

在海尔海外的收入中，自主品牌占比达到近100%，业已覆盖全球160多个国家和地区，并且多以主流品牌出现在欧美、日韩的主流市场上，这一点，在北美市场上，海尔收购GE家电后尤为明显。

而美的在全球的市场，目前主要分布在非洲、中东、南欧、南美、印度这些国家和地区，欧美发达国家市场上，很少能看到其品牌产品。

（4）技术创新形式不同

"满足用户需求为导向，强调技术创新的结果"一直是海尔技术创新的核心，在此基础上，海尔通过对用户开放研发平台，每年产生的创意高达6 000多个，产品的研发源匹配周期也从过去的8周缩短到6周。

而美的技术创新则主要表现为人力、物力的高投入，并以此获取高额订单更优越的资格，因此，美的也将高研发、高投入作为市场推广宣传的重点。

2. 在产业链上的较大范围竞争

产业链竞争的范围比产品竞争大，影响更广，对企业的经营也会产生更大的制约作用。相关产业的经营情况互相制约与影响，共同决定产业链上企业的市值增长。

苏宁以空调专卖起家，自 1994 年开始连续 10 年居国内空调销售额首位，因此直至目前，空调产品仍然在苏宁的商品结构中占有相当大的比重。对于苏宁来说，在空调销售方面的品牌、供应链资源积累是一个具有差异的竞争优势。

国美则在影音产品的销售方面获得了 31.11% 的营业收入。但影音产品的综合毛利大大低于空调，这也许是苏宁毛利率较国美高的主要原因之一。两家公司在实力上的势均力敌，使得两者的博弈十分引人注目。在国美与格力发生矛盾后，苏宁立即与国内空调厂商合作开展促销活动，这个事件从某个方面反映了苏宁与家电制造商、供应商的关系比国美与它们的关系更加和谐。这反映出国美和苏宁在供应链关系管理和行业整合过程中不同的倾向和做法。

作为家电零售业的两大典型代表，国美和苏宁的成长基本上折射出中国连锁家电零售业的发展轨迹，其共同点体现为以下几点：

一是，两者均创立于 20 世纪 80 年代末 90 年代初，当时处于家电销售渠道由多层次批发、计划供给模式向市场模式转轨阶段；

二是，两者均发展于传统商业较为发达的中心城市；

三是，都在 20 世纪 90 年代后期进入向全国高速扩张的阶段；

四是，两者发展的地域主要集中于一、二级城市；

五是，均采取了快速铺网战略。

从发展历程看，两家公司又表现出相当大的差异。

苏宁以空调专卖起家，在空调销售方面的品牌、供应链资源积累具有差异化的竞争优势。国美则在影音产品销售方面获得了 31.11% 的营业收入。

两家公司在产业链上的竞争体现为铺网战略设计、供应链资源积累、行业合并等方面。作为结果，2004 年 6 月，香港上市公司中国鹏润以 88 亿元人民币的收购代价，收购 Ocean Town 100% 的股份，而 Ocean Town 将拥有"国美电器有限公司" 65% 的股份。至此，国美终于成功在香港上市。一个月之后，苏宁也成功上市，成为国内家电零售行业中第一家 IPO 的企业。

3. 产业生态竞争体现在体量、格局、产业整合能力方面

产业生态是最高层次的产业形态，它以产业链为基础，以多种产业互相补充、互相支持为形式。产业生态的竞争体现在体量、格局、资源整合能力、产业整合能力等方面。

电商行业经过十几年的发展，培育出了京东和阿里两种模式、两个巨头：一个是最大的自营电商，一个是最大的平台电商；一个以物流为特色，一个以流量为优势。可以预见在未来一段时间内，阿里和京东是中国电商行业的竞争主角。至于最终谁将胜出，则是由体量、格局、管理、文化等多种因素综合作用的结果。不管是京东还是阿里，各自的优势和劣势并存、机会与风险同在，决定其胜负的也许不是对手，而是市场发展大势和自我变革创新的速度。

（1）阿里优势是大而强

从体量层面看，无论是市值、商品交易总额、盈利能力还是生态圈的繁荣程度，阿里都远超京东。不过，京东的增长势头良好，未来两者的差距有望缩小（如表 2-1 所示）。

表 2-1　京东和阿里体量对比表

项目	京东	阿里
商品交易总额	2014 年第三季度，GMV（商品交易总额）是人民币 673 亿元，同比增长 111%	2014 年第三季度同期 GMV 为人民币 5 557 亿元，同比增长 48.7%
盈利能力	2014 年第三季度，净收入人民币 290 亿元，同比增长 61%，净亏损 1.6 亿元	2014 年第三季度收入人民币 168 亿元，同比增长 53.7%，净利润 68 亿元
用户	2013 年，京东年活跃用户数为 4 740 万	在其 2014 财年（截至 2014 年 3 月 31 日的前一年时间）的活跃用户数量则为 2.55 亿
商户	2014 年第三季度末，共有约 5 万名商家入驻	号称有 800 万商家
移动化	2014 年第三季度，移动端 GMV 占比 29.6%	移动端 GMV 占比为 35.8%

综上所述，单从体量层面看，京东并不具备与阿里平起平坐的资格。那么，京东的优势在哪里？

（2）京东优势是"正品＋物流"

正如人们所熟知的那样，京东一直以自营为主，其 B2C 模式与阿里 B2C（天猫）、C2C（淘宝）并重的模式形成了巨大的差异，也造就了中国电商行业两大平台共生的局面，更造就了两个平台之间产品、体验、公信力等方面的差异。

首先，在产品方面，阿里并不涉及产品相关环节，淘宝所有的 SKU 都由平台上的卖家提供汇总，整体以市场需求为导向，进而形成品类繁荣的大平台型集市；而京东从一开始就对商品的质量和品牌提出了明确要求，并且以自营为主，商品种类扩张的成本较高，因而品类较少，相对于淘宝，并不占优势。

但是，如果以产品的品质来看，正是因为产品的准入门槛较高，京东的商品，整体上质量也较高，所以，很长时间以来，人们对京东的看法和印象，都以"正品行货"为主，其品牌形象相对于淘宝，更有优势。

另外，作为京东另外一个核心竞争力，其物流也一直为人称道。而从京东的员工结构来说，其7万多名员工有很大一部分员工都分布于仓储和配送岗位上。这些员工，在确保京东自建物流的及时送达优势的同时，也为顾客提供了货到付款的人性化方式，甚至在未来还能充当面对面的推销员。阿里则因为不卖商品，其平台订单相应的物流服务，则通过社会化物流企业来解决，这也是阿里想借助菜鸟物流来改变现状的主要原因。

综上所述，在用户体验层面，正品形象、物流体验上京东优势较为明显；阿里需要大力扶持天猫，还需要完善物流环节。

（3）两种模式各有特点

京东做的是"零售业＋物流业"，阿里做的是"商业地产＋互联网广告"。零售业和物流业的钱需要一分一分赚，效率就是生命，所以京东经营艰难；地产业和广告业都是暴利行业，成本低、收益快，所以阿里体量大。

自营电商，自买自卖，京东赚的是差价，除去仓储、物流成本，利润微乎其微。京东一直在大量兴建仓库、扩充配送队伍，所以京东一直亏损。而阿里巴巴不管商品、不管物流，只需负责经营好流量，就可坐收租金和广告费。在零售业的链条上，京东和阿里都各占一环，到底谁的模式才是更合理的资源配置模式？探讨这个问题需要对产业链的上下游进行综合分析。

一个产品从创意、设计、研发、制造到定价五个环节由品牌商来做，营销、交易、仓储、配送到售后这五个环节由零售商来做。京东的策略是做更多的环节，交易延伸至仓储、配送、售后、营销等其他环节，以此追求更好的服务和更大的盈利空间。在阿里的平台上，以上十个环节仍然需要卖家自己做；而且，为了争抢流量卖家往往需要付出更多的额外成本，竞争成本大量增加，导致商家生存艰难。

（4）不同格局决定高度差异

阿里巴巴抓住了进入 21 世纪后中国经济和社会的每一个高增长点：外贸转型、零售业变革、信用缺失以及基础物流落后等，以此为公司转型的方向。

阿里巴巴虽然起家于电商，但未来有可能会从电商抽身，等到行业不再呈现高增长态势，也许阿里的金融、医疗、教育、文化布局已经完成。而京东要在零售行业扎根，除了金融，京东很少参与主业之外的其他业务。京东金融未来十年内要撑起京东 70% 的利润。理财 + 供应链贷款 + 消费贷款 + 平台业务 + 众筹，京东拥有自己的用户和数据成为未来发展的契机。

总之，在企业的不同发展阶段会存在不同类型的竞争。基于产品、产业链和产业生态的竞争会在不同的企业间发生。产业链竞争和产业生态竞争作为高级阶段的竞争形态，将不仅涉及产品，还会涉及相关产业和行业，并在模式、体量、格局等方面分出高下。

千亿市值的驱动因素

在中国约 23 种行业中，上市公司 [1] 数千家。从十亿市值到百亿市值再到千亿市值，公司逐渐减少。什么因素能够驱动千亿市值的升级？除了业务、并购之外，更需要技术创新和并购的组合，从内外两个方面寻找助推力。

1. 凤毛麟角的千亿市值上市公司

上市公司市值升级的路径有很多：十亿市值公司依靠业务升级，百亿市值公司依靠并购升级，千亿市值公司则依靠"技术创新 + 并购"。可以发现并购对于千亿市值公司升级的重要性。

---

[1] 本章中所提及的上市公司及表单数据，皆为中国 A 股上市公司相关数据。

I 资本智慧
Intelletual Capital

> 在产品竞争、产业链竞争和产业生态竞争三个层级的竞争中，产业链和产业生态竞争很可能会造就千亿市值公司。在千亿市值的驱动因素中，资本、并购、创新等至关重要。在这个过程中，产业经营转轨十分必要。通过资本运作进行产融结合，通过产业与政府、地方产业、专业人才等方面因素相结合， 可以实现产业经营转轨。这对于市值增长和价值增长具有重要意义。

理解上市公司市值升级的驱动因素需要认识到：上市公司并购基金能够给上市公司带来很多利益，主要体现在：体外孵化，减少对上市公司的影响；双重动力，产业加资本的双轮驱动；增加市值，通过并购实现市值增长；资金杠杆，减少上市公司资金压力；资源整合，迅速提高目标公司业绩；削足适履，降低并购时的交易风险；产业整合，消灭竞争对手壮大自己；锁定标的，提前锁定，合理完成布局；借用外力，管理咨询参与整合管控；分享收益，各关联方同参与、共分享。表 2-2 显示了中国部分行业上市公司数量和市值：

表 2-2　中国上市行业数据

板块名称	上市公司数量	总市值［单位：亿元］
农林牧渔	94	7 956.191 9
采掘	63	25 423.532 3
化工	326	33 095.781 9
钢铁	33	8 064.204 8
有色金属	119	15 412.600 5
电子	228	30 864.713 2
汽车	179	19 600.181 7
家用电器	69	12 075.463 7
食品饮料	93	27 619.952 3
纺织服装	88	5 025.554 5
轻工制造	128	8 181.305 4
医药生物	287	37 960.437 7
公用事业	159	21 849.437 7
交通运输	117	22 451.028 7
房地产	140	21 331.398 4
商业贸易	101	9 547.727 8
休闲服务	40	3 926.687 9
银行	26	93 507.970 5
综合	45	2 617.582 4
建筑材料	75	6 848.259 2
建筑装饰	127	17 127.246 6
电气设备	190	15 505.002 0
机械设备	327	19 173.759 3
国防军工	49	6 760.181 4
计算机	204	19 117.097 4
传媒	149	15 216.147 5
非银金融	68	43 805.791 1
通信	109	10 125.305 6

数据显示，截至 2018 年 10 月已经有 78 家上市公司市值突破 1 000 亿元，

其中超过 2 000 亿元的有 31 家，超过 3 000 亿元的有 21 家，超过 6 000 亿元的有 10 家，超过万亿元的有 6 家。

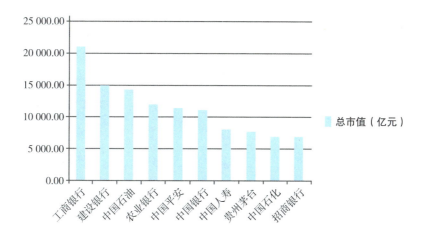

图 2-1　市值居于前十位的上市公司

如图 2-1 所示，市值前十强中，除了工商银行、建设银行、中国石油、农业银行等传统的银行及石化类公司外，最为引人注目的是白酒行业的贵州茅台，其以 7 763.68 亿元的总市值居于第 8 位。

上市企业市值总体上上升和下跌状况并不均衡。什么因素影响了不同市值公司的盈利以至于市值升级？需要认识到毛利率影响净利润增速，资产周转率对盈利也会产生影响。要了解什么因素导致了各市值区间公司净利润增速出现差异，需要对净利润进行拆分。而这其中最主要的影响因素是营业收入、毛利率和三项费用率。由大市值公司营业收入增速较高现象发现，市场份额逐渐向龙头企业集中。

2. 三大因素驱动上市公司千亿市值升级

上市公司市值驱动因素包括业务、并购、技术创新，以及其中多种因素的组合。如何驱动市值增长？政策红利、盈利、估值机构支持等因素起到重要作用。

如恒瑞医药为代表的龙头股出现连续上涨，引起市场广泛关注。经过连续上涨，恒瑞医药最新总市值已达到 2 026.75 亿元，成为 A 股市场中首个冲破 2 000 亿元市值大关的医药股。另据统计，目前，A 股市场中，总市值超过 1 000 亿元的医药股分别为：恒瑞医药（2 026.75 亿元）、云南白药（1 081.70 亿元）、K 药业（1 051.18 亿元）。通过调查研究发现，医药股市值升级主要由以下四大因素促成：

（1）政策红利持续落地

随着《关于深化审评审批制度改革鼓励药品医疗器械创新的意见》印发，国务院常务会议部署全面推开公立医院综合改革，国家食品药品监督管理总局办公厅组织起草了《药物临床试验机构管理规定（征求意见稿）》，公开征求意见，医药板块有望重构新的预期。

（2）业绩持续高增长

数据显示，205 家医药类上市公司三季报净利润实现同比增长，占行业内公司总家数比例为 73.48%。另外，已有 84 家医药公司披露 2018 年年报业绩预告，业绩预喜公司达到 70 家，占比 83.33%。

（3）机构支持

对最新收盘价和机构预测目标价上涨空间进行分析发现，东诚药业、福安药业、润达医疗、凯利泰、瑞康医药等个股股价上涨空间均有望在 60% 以上，而复星医药股价一旦达到机构预测目标价，总市值将有望突破1 000亿元。由良好机构预测结果获得资本支持是市值升级的驱动因素。

3. 国际化和资本运作驱动千亿市值升级

千亿市值驱动因素还包括国际化和资本运作。具备条件的企业进行国际化并购重组，扩展产品线和产业链，以至建立产业生态。在这种情况下，千亿市值增长有望实现。

2016年，美的采取国际化战略进行海外收购，进行智慧家居和智能制造的结合。与此同时，市值大幅上扬。在家电行业中，对比同为龙头的格力和海尔，美的在以下两个方面具有优势：

一是在国际化成长性方面：以收购、整合全球顶尖的机器人企业成功实现了商业模式转型，海外营收大约占总收入一半，国际化步伐稳健。

二是在资本运作方面：采取组合式股权激励制度进行公司治理，运用财务投资、战略性并购投资等方式进行资本运作。

这些优势让美的的当前市值领先于格力和海尔，成为家电行业冠军。从美的稳步上扬的市值分析，可以发现基于国际化战略的商业模式创新和产业升级，以及公司治理方面的股权激励和多种方式的资本运作起到重要作用。

4. 多种增长驱动因素和增长性预期

在外部条件有利于企业经营的情况下，市值增长可以实现。从产业链角度分析，竞品式微显然有利于企业盈利增长。同时，抓住市场环境变化的机遇对于企业盈利增长意义重大。

安琪酵母从2015年开始增长，在城镇化、消费升级、需求增长等外部环境变化和竞品式微的情况下，市值获得增长和升级。其中主要有三个驱动因素。

（1）竞品式微是价值增长的契机

由于糖的产量逐步增长，糖产业的副产品糖蜜供大于求，价格降低。预计糖蜜的价格会继续下降。因此看来，安琪酵母实际上变废为宝，将贬值糖蜜加以利用，在生产原料的采购方面拥有主动权。

（2）社会环境变化推动价值增长

近几年来，虽然糖蜜价格下降，但是酵母产品价格逐年上升。这说明酵母产品的消费市场稳定。经分析认为，由城镇化深入发展推动的市民化程度上升。更多的市民为了追求生活品质提升，不再选择老面发酵模式，而是选择购买发酵好的面食。中国人口基数巨大，酵母消费增量规模极大。同时，酸奶和速食产品也需要使用酵母提取物，这同样能扩大安琪酵母的市场空间。

（3）消费升级带来需求增长

消费升级主要体现在：随着生活水平提高，西式食品需求增加，各类个体和连锁式面包店快速发展，这些面包店酵母的用量是其他面食的两倍；为了提升口感，面包店还要选择优质酵母和酵母提取物制作食品；酵母提取物和动、植物营养等酵母产品的新应用领域得到开拓，各类食品和农产品生产子行业广泛采用酵母新产品，这些因素扩大了它的需求空间。

由此看来，安琪酵母可持续增长有以下几个因素：

一是提价空间，即当前安琪酵母产品与国外同类产品单价比较，可以提升几倍。二是稳健的需求增长，国民人均消费量存在很大的增长空间，酵母产品在食品行业的应用还在逐步推广，存在较大收入增长空间。三是安琪酵母的可持续增长的外延因素包括向保健品和药品市场开拓，酵母产品和酵母技术的应用空间正在得到开发，并且通过外延式并购，向其他食品领域推进。

总之，在中国上市公司中千亿市值企业凤毛麟角。这些企业获得市值升级除了内部业务和治理方面的优化之外，更重要的是基于产业拓展的并购和模式创新，其中，资本运作起到了重要作用。综合运用资本、并购、创新，促使产业化经营不断升级是企业获得千亿市值的原因。

产业经营转轨的路径

产品经营转变到产业经营，这是企业做大做强的必需条件。不同公司具有不同的特色，需要探索适合自身的转轨路径。然而，综合运用产业与金融、地方产业、专业和人才等因素结合的手段实现产业经营转轨，对于公司价值增长意义重大。

1. 产业生态经营的意义和产业经营转轨基本路径

产业经营的最高形态是产业生态。以产业生态作为企业的生存发展模式、核心能力和资源整合平台，是企业成长的途径。

建立产业生态经营模式的意义有，立名：建立盟主名分；立标：建立行业标准；立言：建立案例传播；立人：笼络顶级人才；立信：打造文化旗帜；立学：建立人才商学；立德：惠及社会民生。从立名到立德的全过程都渗透了产业经营的理念和目标。

产品经营的模式需要改变已经是共识。产业链和产业生态经营需要新的思路，而且产品经营需要向产业经营转轨。如何进行产业经营转轨？其路径包括以下内容：

一是在产融结合方面与银行、信托、证券、资管、基金、投行合作；

二是在产政结合方面与国家、地方、行业协会合作；

三是在产学结合方面利用大学的品牌、人才与专业力量开展合作；

四是在产地结合方面与产业园、孵化园、工业园、科技园等合作；

五是在产信结合方面推动行业的管理、业务信息化和自动化提升；

六是在产媒结合方面自建或参与行业权威媒体、峰会和排名活动；

七是在产研结合方面引进行业全球权威机构的技术、专利等交易；

八是在产智结合方面坚持与专业机构、幕僚机构合作，专业人才做专业工作；

九是在产社结合方面积极参与社会公益，提升公众形象、品牌影响力等；

十是在产产结合方面坚持横向纵向产产结合，打造供应链和产业生态。

在各种形式的结合中，产融结合极其重要。

2. 产融结合实现产业转轨

作为产业生态经营的重要内容，产业与金融的结合至关重要。产融结合是企业发展的重要支撑。利用各种金融机构和平台进行产业转轨是必要的。

以中国平安和阿里巴巴作为对标公司，分析腾讯的产融结合模式对于理解产融结合很有必要。因为平安集团是由混业经营的传统金融集团向互联网金融创新的典型，阿里是由电子商务发展为产融结合的典型。

（1）"由融到产"产融结合模式的特点

平安集团的产融结合模式主要体现为由"融"到"产"的路径。"融"是传统的以平安保险、平安证券和平安银行为核心的综合金融业务，"产"是互联网金融和科技。平安的产融结合模式有如下三方面的特点。

第一，线上线下用户双向转化。

2015 年，平安 3 146 万核心金融公司客户通过注册互联网服务平台账户成为平安的线上客户。平安互联网用户转化为新增核心金融公司客户为 575 万。核心金融公司客户和互联网用户之间实现互相转化，客户黏度增加，产生核心用户群。

第二，以互联网技术创新实现服务体系便利化。

"一账通"连接了平安核心金融和互联网金融的账户体系，实现了用户零距离转化，用户可以享受一个账户、多项服务、多项产品的服务体系的便利。

第三，互联网使金融布局实现平台化和开放化的结合。

2012年推出的陆金所是综合性的理财产品平台，提供了活定期、P2P（个人对个人）、基金、保险、信托等理财产品。至2015年底，注册用户达1 830万，累计交易量18 000亿元。通过传统金融与互联网信息技术相结合，打造具有平台化和开放化特点的理财平台，因此陆金所得以成为高效的互联网金融交易平台。

综上所述，中国平安产融结合的实践体现在用户、技术、服务和战略方面的协同运作，在2011—2016年的5年间，总收入和净利润实现了翻倍增长，而且市值也翻倍增长。

（2）"由产到融"产融结合模式特点

阿里巴巴的产融结合特点体现为互联网企业由"产"到"融"的过程。其中"产"指的是包括B2B（商对商）、B2C和C2C等阿里的电子商务，"融"指的是阿里的产业金融和蚂蚁金服的消费者金融。

第一，供应链和电商金融解决融资难问题。

阿里的电商和供应链金融是很好的解决方案。其核心支撑是基于数据的风控模型，2002年建立的诚信通，对企业在阿里平台上的交易进行信用评级。2010年，阿里开始建立小贷公司，主要产品是订单贷款和信用贷款。2015年，阿里成立了网商银行。通过互联网金融和电子商务的结合，阿里帮助小微企业融资。

第二，消费者金融是产融结合的重要阶段。

蚂蚁金服有四大产品，分别是支付宝、蚂蚁聚宝、网商银行和芝麻信用，其中支付宝、蚂蚁聚宝和芝麻信用以消费者为服务对象。

阿里的支付宝属于第三方结算平台。支付宝进行互联网大部分在线消费结算，而且接入餐饮、超市、出租、公共服务等多种线下支付结算。

除此之外，支付宝中的蚂蚁聚宝提供了互联网理财平台，蚂蚁小贷提供了个人信用贷款。支付宝的发展途径体现为由"产"（电子商务）到"融"（互联网金融＋传统金融）再到"产"（生活服务）。因此支付宝以"产"和"融"结合成为最大的互联网金融设施，成为消费支付的重要方式。

第三，借助大数据和互联网技术实现"产融结合"。

基于商家和用户的数据进行风险控制，基于互联网技术实现了与银行、基金、保险的资金互联互通，建立账户的安全保障体系，以此动态性地调整用户信用等级，预测风险，实现传统商业和公共服务的线上互联。这些是互联网企业"产融结合"的优势。

综上所述，阿里产融结合模式体现为供应链、电商金融、消费者金融等多种方式，依据大数据和互联网技术实现"产融结合"是其显著特色。

（3）类似于消费者金融的产融结合模式的特点

腾讯更类似于阿里的消费者金融的产融结合模式。腾讯拥有包含各年龄段、各阶层、各职业、各消费习惯的庞大用户群体，因此产融结合具有广泛的用户基础。

第一，金融业务是"连接一切"最重要的通道。

"连接一切"的金融手段就是微信支付和QQ钱包。用户通过微信支付、QQ钱包可以完成线上购物、数字内容订购和娱乐增值服务等线上消费，也可以进行线下的餐饮、超市、出行等公共服务消费。另外，用户可以利用理财通进行家庭理财，利用微众银行进行资金融通。

第二，"产"指腾讯的内容服务业务。

内容服务包括腾讯视频、腾讯文学、腾讯体育、QQ 音乐等包月、包季或包年的订购套餐。另外腾讯游戏、QQ 会员、QQ 秀等虚拟道具也能变现。这些线上的内容和数字消费，通过"融"的手段实现最终变现。

第三，"产"指所有线上线下产业。

腾讯在线上建立开放的平台，利用平台连接第三方内容提供商和商户，在线下在餐饮、超市、出行和公共机构方面推广微信支付。

因此看来，腾讯产融结合的实质是以社交和生活为核心内容的金融应用实践。当前腾讯的产融结合是以用户共性为基础的金融布局。

3. 产业与人才和地方产业结合实现产业转轨

产学结合、产地结合是产融结合之外的产业转轨路径，被众多企业运用在产业升级之中。人才关系到公司团队建设，是公司以智慧促进产业转轨的基础。在地方产业链中，公司产业与地方产业结合，可以产生聚集作用，产生更强大的产业转轨和升级的动力。

在某市的组团布局中，西北组团无疑是重要的经济增长极。作为某市工业重心，对照"世界级制造业强区"的远大目标，某市制订了产业转轨规划：

（1）以打造具有全球影响力的制造业强区为目标

某市西起西江，向东北依次推进，7 个专业镇铺展出一幅壮阔的产业画卷：古镇被誉为"中国灯都"，闻名海内外；横栏借势向新型照明突围；小榄作为全国重点镇五金业兴旺；南头品牌家电影响力持续扩大；东升已成为中国办公家具重镇；东凤小家电产业集群年产值超百亿元；阜沙精细化工建成国家级产业基地。

接下来，西北组团将以交通为先手棋，以平台为强支撑，实现"产业转型、动力转换、路径转轨"，推动组团在某市附近三市三角地区高水平崛起，打造具有全国乃至全球影响力的制造业强区。

（2）以产、城、人融合平台推动产业升级和转轨

科学的产业发展规划是成功的条件。西北组团对内加强与某市东北组团、中心组团的协同发展；对外实施"北融西拓"策略：向北强化与某市南部地区的融合发展，向西拓展某市及粤西地区的发展腹地。

重大产业平台、特色小镇是促进传统产业升级的两个途径。在重大产业平台方面，西北组团内有两个市级产业平台。其中小榄园是传统产业转型升级平台及高端汽配科技园产业平台，通过引入先进技术、高端人才、新商业模式，实现传统产业转型升级。古镇园是灯饰产业集群平台，以灯饰特色产业、商贸市场为基础，开拓"科技、知识产权和智慧"三者融合发展路径。

在特色小镇方面，西北组团共有4个项目，分别是小榄菊城智谷特色小镇、古镇灯饰特色小镇、南头中国品牌家电特色小镇、东升中国棒球小镇。四个特色小镇产业特色鲜明、生态环境优美，都位于交通便捷、环境优美、文化氛围浓郁、社区服务完善的区域，未来将实现产、城、人融合发展。

总之，产业转轨需要产业与金融、政府、地方产业、专业和人才力量等方面资源和要素结合。传统的产品经营需要转变到产业经营，需要综合运用这些转轨工具和路径，以实现产业升级和公司长期、可持续发展。

几个思考

1.针对本节内容中所阐述的企业竞争的三个层级，您的企业目前处于哪一个层级？在之前的层级提升中，有哪些重要节点？下一阶段，将往哪个层级发展？

_____

_____

_____

2.对于不少刚上市或者即将上市的企业来说，实现千亿市值的突破，无疑是一个重要的节点，针对本节的内容，综合分析一下，您的企业从目前到千亿市值的跨越，已经具备哪些条件？还需要作出哪些努力？

_____

_____

_____

3.从产品经营到产业经营的转变和跨越，其中，需要的不仅是产业的融合和产业生态的建设，更需要企业对产业人才和地方产业政策、结构进行充分的研究。对此，您的企业目前已经采取了哪些措施？

_____

_____

_____

研读笔记

产品思维向资本思维转变

产品思维向资本思维转轨是企业做大做强的需要。仅仅聚焦于赚钱是不够的，企业只有值钱才有持续成长的可能和机会。企业可以运用资本的手段投资并购，运用创新的手段进行模式变革，最终主导市场竞争格局。

产品思维向资本思维转轨

资本助推企业发展的实际效益日益显现，企业因资本市场发展获益，资本市场也在企业成长中获益，双方的需求共同推动经济发展。在一个资本市场迅速发展的市场环境中，产品经营思维显然不足以应对企业成长需求。产品思维的局限性已经被众多企业家认识到。向资本思维转轨成为企业成长的必要条件。

1. 产品思维向资本思维转轨的必要性和基本路径

产品思维聚焦功能，为用户的需求而设计，从产品角度思考，建立成功的产品功能。它通过定义产品解决问题，首先定义目标人群，思考"谁面临这些问题"，然后寻找解决方案，思考"我们要如何解决相应的问题"。这样的思路将会指引企业找到全新的产品功能。

资本思维的精髓其实是结构的重组，将资源进行调整、重组从而产生增值效果。要了解"资本思维"，就要理解"资本"。资本其实是对资源的"支配权"，通过对资源的支配从而带来更多的支配权，就叫做"资本运作"。资本有趋利性和增值性，其根本目的在于追求利润最大化。这样就会促使社会资源的配置朝着效益最大化的方向"转移"。

可以发现，产品思维局限于产品生产和功能开发以及产品营销之类的狭窄视野内。资本思维的动态性、综合性、全面性十分显著。如果把产品思维理解为企业思维，那么这种思维具有以下特点：关注内部管理，强调行业竞争，企业强调利润，最高目标是垄断。如果把资本思维理解为产业思维，那么这种思维具有以下特点：关注产业发展，强调产业整合，产业强调壁垒，最高目标是生态。

从产品思维向资本思维转轨的过程中，政府、上市公司、中小企业、金融机构和投资人群需要从思维转变、行动改变、方法改进和工具运用等方面作出努力。

（1）政府方面需要做到以下几点

投资本土向投资产业转变，聚焦产业向聚焦企业转变；

进行产业分析、企业分析，聚焦并专注做细分行业绝对第一；

对经济主管部门和企业开展产业和资本的培训，聚焦上市公司兼并重组地方产业；

引导基金倾向上市公司产业链投资，需被上市公司并购。

（2）上市公司方面需要做到以下几点

实现企业经营向产业经营转变，产品经营向资本经营转变；

突出主业，研发技术，产业整合，把上市公司做成平台；

建立产业发展战略，卖掉副业，做强主业，同时开展全国收购或跨国收购；

利用综合金融工具，围绕产业链上下游、同业、技术、市场进行并购。

（3）中小企业方面需要做到以下几点

实现独立经营向配套经营转变，直接上市向间接上市转变；

间接上市，间接投资，做上市公司小股东；

盘活固定资产，优化资产结构，关停并转后投资本地上市公司优质股权；

找到产业里的上市公司，有序配合上市公司并购基金装入上市公司。

（4）金融机构方面需要做到以下几点

实现通道经营向提供服务转变，产业性投资向价值投资转变；

出资金，出方案，贴身服务，服务加资本赚多重收益；

聚焦上市公司开展企业和行业的调研，开发标准，非标产品满足资金需求；

利用好通道优势的同时要具备投行思维，做服务型、赋能的新投资。

（5）投资人群方面需要做到以下几点

实现短线炒作向长期投资转变，套利收益向分红收益转变；

买股票，买产品，价值投资，长期持有股息套利皆赚；

积极通过股东大会参与公司治理，协调资源，开发市场，帮助企业价值成长，选择专业、产业级投资机构合理有序的配置资产，跟随产业发展。

2. 具有资本思维特征的产业投资

基于生产工业扩张和商业网络扩张的经营思路是资本思维的实际运用。

投资扩张的效益已经明显优于单纯的产品经营。研发技术、产业整合和建立产业发展战略等作为资本思维的运用，对于以产业经营增加价值的企业来说至关重要。

复星医药的发展路径显示了复星"以产业深度为基础的投资能力"形成过程。复星医药创始于1994年，是贯穿复星实业发展历程的核心产业，目前形成了医药工业、医药商业、医疗器械和医疗服务四个板块业务，渗透医药健康产业链的多个环节，形成大健康产业链的一个闭环。

（1）工业持续成长与扩张

复星医药一直坚持研发创新与投资并购两条腿走路，采取内生式与外延式相结合的发展路径。一方面自主研发，一方面收购国内制药企业。复星医药并购的标的企业，多数能够在产品线上进行互补。

复星医药帮助合并的企业优化运营与管理、提升企业价值，并继续通过对接资本市场，进一步整合，持续发展。复星医药采取内生式研发和外延式收购相结合的策略、通过产业整合和资本运作实现工业持续成长和扩张。

（2）商业的成长与扩张

需要依托高效的市场销售渠道才能实现产品价值。复星医药着力营建分销网络。其措施首先是自建分销与零售渠道，其次是复星医药参股或控股医药分销企业。

复星医药拥有强势的市场销售网络和巨大的投资收益。强势的市场销售网络推动复星医药和器械销售，提升盈利水平；投资收益可以增加复星医药外部业绩，实现价值提升。

（3）产业链的成长与扩张

随着中产阶级家庭数量的增加，医疗服务、医疗器械终端服务和医疗诊断需求增长加快。这些领域成为复星医药新的增长点。

复星医药相继收购各地区和各类型医院，并帮助其对接优质资本、进行业务整合和优化内部管理，实现内在价值提升。综合来看，复星医药通过具有资本思维的产业资本实现内在价值提升。

3. 作为资本思维实践的平台和生态建设

资本思维中的平台建设需要宽广视野。平台具有综合性、全面性、系统性。在资本运作的条件下，对于整合产业，提升价值意义重大。

（1）致力于共同生长的三大平台

复星以"保险＋投资"双轮驱动提供一个强大的投融资平台；以富足、健康和快乐的服务能力与蜂巢城市、保险打通的"1+1+1"提供一个具有闭环特点又开放的生态平台；采用"一个复星（One Fosun）"的平台组织架构，将整个复星打造成旗下所有企业共同成长的大平台。

（2）向"轻资产战略"转变实现轻重结合

从 2015 年起，复星开始致力于为中产阶级提供富足、健康和快乐的综合解决方案。复星的产业布局已经从房地产、钢铁、矿业等"重资产"向金融、健康、快乐等轻资产战略转变。

复星将轻资产和重资产相结合，用轻资产盘活闲置的重资产。预计未来复星在财富、健康、快乐和创新制造等行业中，以"轻＋重"的资产运作为基础，以传统产业连接互联网和人工智能，以成熟的产品和商业模式吸收闲置分散的资源，打造出具有很强竞争力的企业。

（3）打磨极具特色的产品，复制成熟模式

复星的生态系统是以内容为基础的，致力于提供令客户"尖叫"的产品和服务。为了提供极具特色的产品和服务，复星首先是提倡工匠精神，要求每一个人都深入研究产品，吸收各种营养，产生面向客户的强大产品影响力。

I **资本智慧**
ntelletual Capital

> 产品思维向资本思维转轨是企业做大做强的需要。仅仅聚焦于赚钱是不够的，企业只有值钱才有持续成长的可能和机会。企业可以运用资本的手段投资并购、运用创新的手段进行模式变革，最终主导市场竞争格局。

其次复星利用更多的力量打磨产品，并对成熟模式进行快速复制。

通过有助于共同生长的平台建设，调整资产战略，经营极具特色的产品和服务并复制成熟模式，复星运用资本思维整合健康产业生态圈，价值持续提升。

总之，致力于做大做强的企业需要运用资本思维，以建立生态产业为目标。不同企业综合运用包括投资并购、产业整合、技术研发、平台建设，以及间接上市、关停并转等各种必要手段，实现价值增长。从产品思维向资本思维转轨是适应市场发展的需要，也是企业价值增长和持续成长的重要机遇。

赚钱向值钱转轨

赚钱的企业不一定值钱，这是基于企业产品和模式的分析得出的结论。

来源于想象力的前景是赚钱和值钱的区别所在。企业从赚钱到值钱转轨需要在价值链、商业渠道、解决方案和组织方式等方面努力转变，以此实现价值增值，获得资本市场青睐。

1. "赚钱"与"值钱"的区别

企业赚钱需要具备三大要素，即好产品、好团队和好模式。实现好产品目标，要求市场需求巨大和核心资源实力强。实现好团队目标需要好的合伙人和好的执行人。实现好模式需要具备技术可行、交易可控和分配合理等条件。

其中好模式对公司价值提升很重要。实现好模式的目标需要优化商业模式，其路径表现为：技术可行，即核心的指标不是先进性而是性价比；交易可控，即时间上过程可控，空间上要素可控；分配合理，即起点公平，结果透明，参与者全赢。

如果把从赚钱到值钱的转变称为"转基因"，那么理解从赚钱到值钱的转基因战略需要认识到：先赚钱再值钱，用时间换空间；先值钱再赚钱，用空间换时间。改变基因的两个变量是内生变量和外生变量。内生变量是突破传统框架，改变商业模式；外生变量是通过并购重组，优化资产结构。内生变量和外生变量同时发生作用，企业才能持续成长。

什么是"赚钱的公司"？"赚钱"并非指"现金流充足"而是"缺乏想象力"。在资本眼里，正在赚钱的公司反而不值钱。如一个拥有优秀主厨的中国餐厅两个月就实现盈利，然而一个花费百万研究标准流程的餐厅，一年还不赚钱。这时可以发现，以资本角度观察，第一种是赚钱的公司，但第二种才是值钱的公司。"赚钱的公司"一般具有以下特征：

经营业务范围区域化；

一单一单地销售，且消费频次低；

有利润、没前景，无法完成闭环。

什么是"值钱的公司"？从资本角度观察，值钱的公司不一定赚钱。判断值钱公司的标准不是现金流，而是数据带来的无限想象力和市场潜力。值钱的公司具有以下特征：

居于行业第一的位置；

产品具有巨大的差异化和强大的替代性。

综上所述，从资本角度判断赚钱公司和值钱公司之间的本质区别就是是否具有无限想象力和市场潜力。

2. 通过价值创造实现赚钱到值钱转轨

好产品、好团队、好模式很重要，有利于企业赚钱。企业要值钱，不仅需要具备优质产品和高效团队，还需要具备比较完善的模式。值钱的企业一般符合国家产业政策，研发方向处于产业发展前沿，具有巨大市场潜力。在价值链模式、品牌和解决方案、商业渠道、组织方式转变等方面努力，企业可以实现价值提升，变得值钱。

（1）拆分、扩展、重新整合实现价值链模式转变

从不同角度出发进行设计，企业就有不同的盈利模式。价值链模式就是从产业价值链的角度进行商业模式设计。

第一，拆分价值链，聚焦主业。

不追求纵向一体化，而是致力于价值链经营是拆分价值链的实现途径。先断裂产业价值链，后专注于某个或某几个环节，并完全控制它们，将公司主业定位于这些价值链环节，而将其他部分以一定方式外包给别人。比如苹果公司拆分价值链的实践是这样的：自身掌握品牌、设计和营销，将制造部分外包给成本更为低廉的其他厂家。这样生产成本大大下降，资产使用效率

提高，利润得到增加，市值得到提升。

第二，扩展价值链投资新企业。

当企业上下游的供货商力量不断增强时，公司的压力增大。这时可以投资那些能够制订新的商业模式、价值链外部环节的企业；或者在价值链的上下游寻找新的供货商和客户，以此扩展产业链。

第三，重新整合价值链，抓住中心盈利点。

出现价值链断裂、价值和利润向上下游环节转移的情况时，就需要整合价值链，抓住价值链的中心盈利点。苹果最早是一个IT厂商，主要产品是硬件，陷入亏损后，乔布斯再次出山，终于将苹果市值提升到世界第一，这是因为以定义自身为一个"IT生态系统的管理者"对价值链重新整合。

（2）价值创造向品牌和解决方案转变

随着市场中心从厂家转移到客户，为客户创造价值不是单方面依靠产品，而是更多依靠品牌和解决方案等。因此先前依附在产品上的价值已经向品牌、解决方案这些稀缺资产转移。传统的产品模式需要作出以下改变：

第一，从产品到品牌吸引客户，提升利润与价值。

如果一个公司提供给客户的是具有差异的产品和服务，这个公司将会获得高额利润，公司会获得较高估值。但是，在产品雷同、服务类似和竞争对手相同，质量和价格没有太大差别的情况下，如何吸引客户？这需要依靠品牌力量。品牌提升了产品服务的信誉度。当盈利模式从依靠产品转换到依靠品牌时，利润增长率较高，资本市场溢价较高，市值得到提升。表2-3列举了部分上市独角兽企业市值相关数据。

表 2-3　品牌上市企业一览表

市场	代码	名称	所属行业	上市日期	解禁日市值（亿美元）	最近一轮外部融资至今的估值变化	板块收益
港股	1810.HK	小米	智能硬件	2018.7.9	392.10	0.87	0.95
	3690.HK	美团点评	互联网服务	2018.9.20	409.21	1.36	
	1739.HK	齐家网	电子商务	2018.7.12	4.67	0.30	
	2051.HK	51信用卡	互联网金融	2018.7.13	6.62	0.58	
	3700.HK	映客	文化娱乐	2018.7.12	5.82	0.54	
	6100.HK	猎聘	互联网服务	2018.6.29	21.10	2.11	
	1833.HK	平安好医生	医疗健康	2018.5.4	51.15	0.95	
美股	QTT.O	趣头条	文化娱乐	2018.9.14	14.48	0.90	1.68
	PDD.O	拼多多	电子商务	2018.7.26	219.78	1.47	
	NIO.N	蔚来汽车	汽车交通	2018.9.13	80.44	1.61	
	CTK.N	触宝科技	互联网服务	2018.9.28	3.68	0.74	
	BILI.O	哔哩哔哩	文化娱乐	2018.3.28	33.42	2.09	
	IQ.O	爱奇艺	文化娱乐	2018.3.29	187.54	4.09	
	HUYA.N	虎牙	文化娱乐	2018.5.11	38.80	1.94	
	UXIN.O	优信二手车	互联网服务	2018.6.27	14.91	0.60	
A股	300750.SZ	宁德时代	汽车交通	2018.6.11	251.53	1.92	1.91

第二，从产品到金字塔建立产品结构保护利润区。

金字塔产品结构就是建立一个多层次的产品体系，将所有层次的产品作为一个体系来管理，营建公司的利润区。在这种产品结构中，低档产品虽然利润很低，但可以作为防火墙产品。如果没有低档产品作为防火墙，竞争对手就会从低端产品进行突破，最终威胁高端产品市场份额，恰恰是高端产品是主要利润区。

第三，从产品到解决方案为客户创造价值。

当前价值和利润已经开始从产品转移到解决方案。提供解决方案的企业会获得更高估值。因为单一的产品不能满足客户日益多样化的需求，因此需要将产品、服务和融资结合在一起创新价值创造方式。

（3）转变商业渠道获得高额利润

市场销售渠道的设计是商业模式设计中的重要一环，渠道倍增、渠道集中、渠道压缩和渠道复兴，都有可能改变价值和利润的转移趋势，从而获得高额利润。

第一，渠道倍增是以传统渠道商为基础开发适合现有和潜在客户需求的新渠道。

传统的线下分销渠道与线上销售结合，就是一种渠道倍增形式。比如苹果的销售模式，其在中国的销售渠道为"官网直销＋直营店＋独立分销商＋运营商＋大规模零售商＋普通零售店"。

第二，渠道集中是将大量传统的小规模零售网点进行整合。

渠道集中能够解决效率低下、费时和不便利等问题。比如家乐福和沃尔玛等大型超市，就是典型的渠道集中模式，它们将众多的小商店集中在一个大型超市里，为客户提供了更多便利，为供应商创造了更大的价值，从而获得高额利润。

第三，渠道压缩是直接将产品和服务卖给客户，消灭中间商。

渠道压缩是"互联网＋"商业模式设计的重要标志。渠道压缩可以降低成本，企业因此能以低于市场的价格提供产品和服务，却能获取高额利润。特斯拉、小米和戴尔都是采用渠道压缩改变盈利模式。

第四，渠道复兴是通过互联网将"被消灭"的分销商重新纳入分销渠道。

渠道复兴中新的中间商能够提供新的、必要的增值服务。携程就是采取一种中间商再生的盈利模式，其在旅行者和酒店、航空公司、汽车租赁公司之间创造了新的中间商地位，为交易双方创造了新的价值。其原理是通过搭建一个互联网服务平台，帮助旅行者获得更低价的资源和服务，同时帮助酒店、航空公司和汽车租赁公司等机构提高其业务利用率，减少和避免资源闲置浪费。

（4）以组织方式转变提升价值

企业的组织结构设计是否合理、高效会影响企业价值提升，直接影响企业利润增长。良好的组织结构设计目标是通过组织的力量提升价值和利润。

第一，从金字塔转变到网络结构实现高效、扁平化管理。

金字塔的组织结构体现集权和官僚理念。这种组织结构会阻碍企业内外的沟通，从而导致客户关注度极低。现在看来，资本市场青睐那些将传统金字塔组织结构改为网络型结构的企业。网络型结构就是管理扁平化，这样公司就能最大限度地关注客户需求、了解投资者的心理状态，有利于公司运营管理，提升利润和价值。

第二，商业模式建设梯次推进。

商业模式建设梯次推进是存储组织能量的一种方式。其具体做法是将公司的最强战略位置一再加强，力图在某个方面达到最优；然后寻找并把握下一个机会，再次加强，力图最好；再寻找下一个机会。微软的商业模式基石一再加高，在20年时间内，微软先是用 BASIC（培基）树立了最佳的战略位置，然后从 DOS（磁盘操作系统）发展出 Windows（微软视窗操作系统），又从 Windows 发展到一整套办公室应用软件。

第三，从常规转变到"互联网+"设计，创造利润和价值。

"互联网+"设计并不是把公司整个网络化，也不是简单地加上一个 IT 系统。而是利用互联网思维，从解决业务问题出发，对生产率、反应时间、资产效益以及重要客户信息进行整合运用，创造价值和利润。"互联网+"理念与网络治理结构相结合的企业运营模式能大幅提升利润和业绩，最终实现价值提升。

总之，企业能赚钱不能代表值钱。为了实现价值增值，企业持续成长，需要转变传统的产品和模式观念，进行多种转轨。在产品方面向解决方案扩展，在价值链方面进行优化分解，在商业渠道方面整合和升级，在组织方面进行网络化，并以价值创造的方式聚焦客户服务，这些转轨途径是可行和有效的。事实上，众多成功的企业正在以丰富和无限的想象力运用这些方案，获得了价值的极大增长。

学会在资本市场"印钱"

资本市场是一个可以利用的良好平台。上市公司需要利用资本市场来增加自身价值。在竞争激烈，市场环境不利的情况下，上市公司尤其需要进行创新、融资、投资、并购，以种种方法实现价值提升和持续增长。随着价值增长，企业的"印钱"能力会逐渐增强。

1. 上市公司赚钱、值钱和"印钱"难的背景

对未来经济的理解包括以下几点：新经济，即从业务型向平台型转变，从平台型向生态型转变；新资本，即从通道型向服务型转变，从市值型向价值型转变；新关系，即从从属型向合作型转变，从合作型向合伙型转变；新服务，即单一工具向系统方案转变，单项服务向综合服务转变；新工具，即从被动承揽向主动出击转变，从项目入口向培训入口转变。

上市公司现状体现了赚钱难、值钱难和印钱难。首先是赚钱难。数据显示，截止2018年三季度，营业利润为负的企业有375家，小于5 000万的有1 071家，小于1亿的有1 562家。上市公司作为国家经济体系中的佼佼者，接近三分之一的企业盈利不足5 000万。其次是值钱难。截至2018年11月7日，市盈率

低于 10 倍的企业有 637 家，市盈率低于 23 倍的企业有 1 698 家，市盈率低于
30 倍的企业有 2 169 家，市盈率平均值 25.78 倍，近二分之一的上市企业跌破
发行价。再次是"印钱"难。截至 2018 年 11 月 7 日，共有 202 家企业增发
成功，募集资金总额为 6 326.47 亿，可转债发行 48 家，募集资金总额 541 亿。
3 537 家上市公司如此业绩表现说明了企业赚钱、值钱和"印钱"艰难。资本
市场把小市值上市公司列为"高危风险企业"，不愿投资。一部分上市公司
已经沦落为"高利贷"公司的附庸。表 2-4 说明了上市公司市值情况，表 2-5
显示了上市公司价值参考数据。

表 2-4　上市公司市值情况说明（截至 2018 年 8 月 23 日）

总数	万亿以上	千亿—万亿	五百亿—千亿	100 亿—500 亿	50 亿—100 亿	20 亿—50 亿	20 亿以下
3 537	6	60	76	760	764	1 523	348

表 2-5　上市公司价值参数（截至 2018 年 8 月 23 日）

总数	破净	资不抵债	负债率100% 以上	负债率90% ~ 100%	负债率50% ~ 80%	负债率50% 以下
3 537	252	16	18	51	1 035	2 165

　　研究相关数据发现上市公司经营状况不容乐观，其原因有如下几点：

　　首先是经济周期原因。市场发展出现飞跃历时大约 40 年，现在处于数
字时代，国家倡导并购的时代来临。上市公司竞争势头和数量发展同时呈现

增长。

其次是营商环境,当前的金融改革是"改革中的改革",处于深化改革期间,不确定性增加。

再次是自身问题。这些问题包括经营、管理、金融、资本等方面,比较复杂。

最后是贸易战影响,产品市场竞争焦点出现变换,新的市场有可能孕育,机遇和困难并存,但是没有核心优势的上市公司会出现巨大困境。

要解决问题,走出困境,上市公司需要依靠并购提升竞争力,中小企业需要关、停、并、转后成为投资人,以此获得生存和发展。

2. 上市公司增值和"印钱"的策略

企业"印钱"意味着股权增值。将股权卖出好价钱的方式主要有:利用无形资产,让股价形成非透明化;借助历史积淀,挡住竞争的时间黑箱;发挥未来预期,提升股价的想象空间;促进交易活跃,让资产充分流动起来。

企业"印钱"的基本模式主要包括:定向增发股权融资;定向增发股权并购;质押未来增发期权;合伙企业集资众筹;定向发行虚拟货币;上市发行股票公募。

从投资到并购是上市公司"印钱"、实现增值的途径。战略投资和并购等多股权市值管理显著助推腾讯业绩和竞争力的提升。腾讯战略投资和并购为主的股权结构,显示了腾讯在游戏、O2O(线上到线下)、文化娱乐、电子商务、工具软件、汽车交通等行业的渗透和扩展。腾讯的战略投资和收购是出于自身产业战略发展需要,并且具有产业融合深度,有利于价值创造。

(1)从投资到并购高效整合资源

以腾讯对 Riot Games 公司的领投和收购为例,早在 2008 年,腾讯以 800 万美元开始领投,2009 年进行第二轮投资,直到 2011 年收购 Riot Games,以 2.31

亿美元的价格占有其 93% 的股份，而此时，《英雄联盟》还未正式引入中国。

营收增长提升了腾讯的市值，为持续增长打下基础。而得益于这款游戏在全球的巨大影响力，腾讯在资本市场也收获了良好的口碑，受到世界各地投资者的青睐。这进一步推动市场上的腾讯股票交易，助推其市值进一步提升。这次并购成功的原因主要有以下几点：

第一，长远的游戏战略和运营思路。

作为腾讯的支柱产业，腾讯游戏的全球化是一个长期的过程，其相应的战略和运营思路也与 Riot Games 的创始人在理念上不谋而合，成功推动了此次收购。

第二，成熟的"投资 + 并购"策略。

从最初选择投资项目到投资之后的管理，并与其他投资方、创始人协商收购，显示了腾讯投资策略的成熟度。

第三，高效整合、协同运作实现价值增长。

在实现并购之后，对于游戏的开发和运营，腾讯不但不干预，反而给予游戏团队充分的自主权，从而避免企业文化之间的冲突。同时，借助游戏和平台的结合，用户数量和活跃度的迅速提高，也体现出腾讯强大的资源整合能力，其带来的协同效应，也让腾讯在并购后实现价值增长。

（2）正确选择收购标的实现增值

2016 年 6 月，腾讯以 86 亿美元收购芬兰游戏公司 Supercell 84.3% 的股权。这家成立于 2010 年的游戏公司，自 2012 年开始便探索移动手游，其发展势头异常迅猛，2016 年，仅旗下发布的"卡通农场""部落冲突""海岛奇兵"和"皇室战争"4 款游戏日活用户就达到 1 亿人，而在腾讯收购之时，其市场估值更是高达 102 亿美元。

回顾腾讯对 Supercell 的收购，其交易特点主要有三个：首先，在收购方案上，腾讯先是组建收购集团，然后寻找外部投资者，共同出资收购；其次，在收购形式上，采用"贷款 + 杠杆"，先由腾讯全资，后以 8.5 亿美元将 50% 股权出让给外部投资方，与此同时，将五年期贷款规模从 12 亿美元提高到 44.4 亿美元并向 20 多家国内外银行贷款，成功地降低了腾讯的融资成本和并购风险；最后，在财务报表合并上，借助对标的公司、融资渠道、风险控制等关键交易环节的正确处理，使腾讯并购 Supercell 表现得相当出色。

（3）采取合作方式进行资源互补，提升竞争力和价值

2011 年，腾讯并购了当时的行业老三"易迅网"，这样易迅、拍拍和 QQ 网购共同构成了腾讯的电子商务三大板块。2014 年，腾讯把旗下的易迅、拍拍和 QQ 网购都转给京东，取得了 16% 的股权；2016 年 8 月，腾讯增持京东股份，持有 21.25% 的股权，成为京东的第一大股东。

这一战略投资，也随着之后微信入口的建立，将京东购物与 QQ 和微信账号绑定，开启了新的"社交电商"模式，助推京东利用其庞大的流量快速提升商业价值。

综观腾讯对 Riot Games、Supercell 和京东的投资或收购，其在标的项目选择、投资方式、投后管理、资源整合等方面的出色能力，为腾讯的多股权市值管理起到了关键作用。而三个战略投资和并购项目的顺利完成，不仅为腾讯带来超高的投资回报，并且推动腾讯股价和市值持续上涨。

在整个运作过程中，腾讯抓住用户的现实需求，挖掘潜在需求，进行产品创新，打造平台化的开放生态圈，腾讯在发展过程中遵循的核心逻辑、展现的创新能力、提出的战略愿景、运用的资本手段等，都值得不少企业学习和借鉴。

总之，通过赚钱到值钱再到"印钱"的模式变迁，企业获得了增值和持续成长。作为企业经营的较高阶段，能"印钱"的原因是采取了一系列投资、

并购、创新等战略和策略。在"印钱"模式中，企业可以做大做强，以强强联合对抗更大竞争者，以他人优势补充自己的弱点，和他人互补实现双赢，最终主导市场趋势。

几个思考

1.企业要做大做强，从产品思维向资本思维的转变势在必行。在本节内容中，复兴集团的案例给您带来了哪些启发和思考？接下来可以在您的企业采取哪些措施？

_____

_____

_____

2.要实现从产品思维到资本思维的转变，对企业"赚钱"与"值钱"两个概念之间的区分是必要的前提条件。结合本节内容，您对这两个概念是如何理解的？您的企业目前各有哪些优势和劣势？

_____

_____

_____

3.让企业的经营利润犹如印钞一样源源不断，无疑是很多企业经营者渴望达到的一种境界。结合本节内容，思考您的企业在"印钱"策略上，目前已经采取了哪些措施？未来还可以从哪些方面进行突破和调整？

_____

_____

_____

市值管理向价值管理转变

通过多种价值经营手段、综合运用股权激励等资本运作手段促进内在价值增长，才能获得持续增长的市值。然而，企业家仅仅关注市值已经不足以保障持续成长。企业需要从关注市值管理转变到关注价值管理。做好建模，以此达到复制和快速发展的目标。对标杆、找差距、练内功，以建模和复制实现快速发展，这是价值管理的核心。

关注市值向关注价值转变

在企业家看来，市值管理很重要。但是仅仅关注市值已经不足以获得宏观、全面的市场与经营视角。建立包括规划、管理、整合、梳理在内的综合管理模式是价值管理的要求。从市值管理视角转变到价值管理视角对于企业的价值提升、持续成长具有重要意义。

1. 市值管理规划体现价值管理要求

一般来说市值管理的目标体现为以下内容：让公司的股票更加值钱，用期望值凝聚更多资源，让投资人获得更高回报，让明天回报今天的付出。为了实现市值管理目标，企业需要进行市值管理规划。市值管理规划包括以下内容：

市值目标的五年规划——绘制发展蓝图，确立以终为始的成果导向。战略定位的全面升级——缔造做市题材，专注成为第一。商业模式的系统创新——提升盈利能力，钱赚三遍跨界经营。收购兼并的重组规划——加速高成长性，争取优势利润和市场覆盖。运营流程的智慧改造——夯实经营管理，自动营运、移动互联。财务数据的中长期规划——建模市值管理，清晰投资收益来龙去脉。股权激励的分步实施——打造梦幻团队，绩效与股权动态捆绑。顶层架构的重新设计——引入明星投资，产业风投齐头并进。退出通道的规划设计——打通最优路径，进行并购转板系统操作。融资系统的自我建设——提高资本效率，运用债权、股权复合金融手段。

基于以上规划的市值管理已经体现价值管理的要求。价值管理是根源于企业追逐价值最大化的内生要求而建立的以价值评估为基础，以规划价值目标和管理决策为手段，整合各种价值驱动因素和管理技术，梳理管理和业务过程的新型管理框架。价值管理包括价值创造、价值经营和价值实现，其过程体现为激活存量、设计增量、落地执行，需要对标杆、找差距、练内功；还要提升战略、改革模式、细化规划；并且进一步扩股本、勤募资、抓并购。企业做到这些，就是在进行真正的价值管理实践。

2. 价值创造是以获得溢价为目标的价值管理方式

价值创造是产融结合的连接点，追求内在价值最大化，以获得市场溢价为目标。一个公司的价值创造能力，决定着其市值增长状况。价值创造的主要内容包括以下几个方面：

（1）**价值创造是通过商业模式创新提升公司的市值**

资本市场是一个"讲故事"的地方，但是不能"编故事"，缺乏真实利润支撑的"编故事"在资本市场上是不道德行为。一家公司提供的产品和服务如果能很好满足客户需求，为客户创造价值，并具备较多盈利点，就会得到资本市场青睐。

（2）**确立以市值为导向、产融互动的经营理念和目标，优化和整合价值链管理**

结合公司自身的核心竞争力和所处产业价值链进行分析，集中公司优势资源为客户提供产品和服务，同时培育多个业务增长点，从而利用多种盈利点创造价值。确立产融互动的思路，追求内生式增长和外延式增长相结合，实施并购重组可以获得溢价。

（3）**优化业务结构，转型升级，创造价值**

重资产的传统行业的企业通过商业模式创新提高市值的空间有限，需要跨界经营、转型升级。上市公司需要先确定主业，剥离并退出经营不善的业务，然后通过收购一两家从事未来主业的、有潜力的非上市公司，以此优化业务结构，转型升级，实现价值创造和提升。

（4）**优化资本结构，提高资本运营效率，提升市值**

一个企业在 IPO 后，就会具有丰富的融资渠道。这时必须考虑优化资本结构，合理组合使用债权融资与股权融资，让企业的资本成本最低，并尽可能使公司的资本运营效率最大化，从而提升公司的市值。

（5）**将股权激励纳入市值管理和价值创造的体系中**

需要把市值管理的切入点设定在股权激励的授予条件和行权条件的确定

上，把公司经理人未来的长期股权激励收入与股东的投资回报相捆绑，把公司经理人和股东之间关系建设成利益共同体与命运共同体。

以商业模式作为突破口，结合价值链管理、优化业务结构和优化资本结构等内容，进行价值创造，是价值管理的基本内容。

3. 价值经营是以资本运作为主的价值管理方式

价值经营，是指当公司价值被低估或被高估时，顺应资本市场的周期性波动规律，运用上市公司市值的偏差和投资者的投资偏好，通过调整金融策略、整合公司资源、确立公司价值理念、吸引目标投资者等手段，充分利用资本市场的溢价功能，提升公司价值和市值的价值管理行为。价值经营最能体现上市公司的市值管理和资本运作能力。

中国资本市场的有效性比较差，在这种环境中，上市公司估值容易偏离内在价值，指数和股价也容易暴涨暴跌。这就提高了上市公司的市值管理难度，但是同时丰富了市值管理的内容，拓展了市值管理的空间，为上市公司探索与完善价值经营提供机会，最终实现公司市值最大化。

当股市处于牛市中时，投资者对公司前景持乐观态度，股价被明显高估，市场价值大于内在价值。此时需要利用高估的股价从资本市场获得更低成本的融资或者去购买其他非上市公司的股权，以此进行价值经营。其具体策略包括：通过增发或定向增发实施再融资，换股并购；通过定增发行新股购买母公司或行业内的优质资产进行资产注入，整体上市；通过大股东减持，套期保值；股票回购，股份增持或承诺不减持；并购重组；买壳或借壳；实施股权激励或员工持股计划等。

随着中国资本市场的发展金融创新日益活跃，价值经营的手段也将变得丰富。但每家公司并不是在任何一个时点都需要应用所有的手段，而是根据公司内外现实条件组合应用多种价值经营手段实现价值提升。

4. 价值实现是市场价值创造的桥梁

价值创造过程是市值管理的基础，但是公司创造的内在价值能否准确地反映在股价上，就要依靠价值实现这个桥梁。

价值实现的方法主要有两大类，即公司治理和以投资者关系管理为代表的投资者关系、分析师关系、媒体关系、监管层关系等四种关系管理。其中优化公司治理主要包括董事会的独立性、信息披露的质量、股权激励的业绩考核、员工持股计划的参与热情。

在优化公司治理方面，资本市场的实践表明，董事会越独立，资本市场给予的溢价将越高；及时、充分、完全、有效的信息披露能够使得公司市值准确反映其内在价值；股权激励中最关键的是业绩考核经济指标的确定；上市公司员工积极参与认购会向资本市场释放正面的信号。合理运用这些治理要素有利于公司价值管理，推动公司市值提升。

从投资者关系管理、分析师关系管理、媒体关系管理和监管机构关系管理方面来看，如果公司与研究机构、各类基金、证券公司、媒体机构、社会公众和监管机构等关系良好，就有利于公司被资本市场认可。在危机管理中，可以通过分析师电话会议、新闻发布会、公告、媒体声明避免信息不对称产生不良后果，可以减少二级市场的剧烈动荡；在公司日常管理中，可以通过业绩发布会、分析师见面会、路演等互动方式减少信息不透明、不对称，以这些手段维持公司市值稳定增长。

总之，仅仅关注市值管理，这种视角已经受到局限。价值管理综合运用资本、管理、模式创新等手段进行公司治理和市场管理。促进企业家观念转变到更加符合资本市场实际和发展趋势的方向上，采取综合资本与管理的方式进行价值创造、价值经营和价值实现，将有助于企业价值提升和持续成长，有助于企业在市场上获得更多投融资、并购成长机会，最终做大做强。

只有持续的价值才会有持续的市值

持续增长的价值是市值持续增长的条件。企业在通过投融资、并购重组获得更高商业运营能力之后，只有通过多种价值经营手段、综合运用股权激励等资本运作手段促进内在价值增长，才能获得持续增长的市值。

建立行业标准、管理价值链、培养良好客户关系、树立领导地位等多个战略控制手段代表企业的战略控制强度大，企业的业绩可预测性也就越高，估值也就越高。根据公司所选择的客户、所采用的盈利模式、所拥有的战略控制手段，以及公司拥有的关键资源和能力，确定公司将从事经营活动的种类和范围，这有助于企业创造价值、持续成长。除了战略要素中的客户选择、价值获取、战略控制和业务范围，还要在操作因素和组织因素方面作出合适的选择，使得企业商业模式比竞争对手更好地满足客户需求，还要有获得高额利润的能力，而且战略因素和实施因素等各个环节具有内在一致性。这样，企业的生产销售、市场拓展、行业领导、资本和资源要素利用等能力就会提升，以此促进价值增长，获得广阔市场、资本青睐和投资人信任，最终提升市值，获得溢价。

1. 运用多种价值经营持续提升价值

在持续提升市值的要求下，需要进行卓有成效的价值经营，获得持续价值提升。采取丰富而有效的价值经营手段持续提升价值，有助于实现市值持续提升。

作为一个乡镇企业改制而来的民营企业，美的采用多样有效的资本运作手段进行产融结合，提升价值。举例来说，美的稳健地进行配股、增发等再融资手段，还利用金融衍生工具进行套期保值。因此可以说，美的正是利用价值经营的方法进行市值管理，提升价值。

（1）最初的配股募资

2000 年前，我国上市公司再融资的主要方式是配股。美的在 20 世纪 90 年代进行了 3 次配股，共募集资金 9 亿元。美的将募集到的资金主要投入了小家电和空调项目的技术改造和产能扩建中。

（2）公开增发和定向增发再融资

2000 年后，增发逐渐成为 A 股市场再融资的主要手段。从美的电器到美的集团，一共有 4 次增发。2007 年，美的准备通过定向增发引入战略投资者高盛，帮助美的走向国际化。2008 年和 2010 年，美的通过公开和定向增发共募集资金 73 亿元，用于大型家电项目的技改扩能。2015 年，美的集团通过定向增发引入战略投资者小米，之后美的和小米合作推出多种智能家居产品。

（3）股利政策确保再融资的实施

自上市以来，美的保持年年现金分红，在 2013 年整体上市后到如今的 4 年，美的累计现金分红金额达到 192 亿元。这说明美的对股东回报的重视。这份重视也收获了股东和投资者的认可，使美的市值稳步提升。

（4）运用金融衍生工具套期保值

将金融衍生品应用于市值管理中，对上市公司具有挑战性，但也是非常重要的价值经营方法。美的在生产中，需要采购大量的铜、铝等大宗材料。大宗材料的价格波动直接影响利润。所以美的通过大宗材料期货，避免原材料价格波动影响，控制生产成本。另外，美的出口业务占比较大，汇率波动对美的的利润产生巨大影响，因此有必要通过衍生工具规避汇率波动风险。

这些有序的金融衍生品套期保值操作，控制了经营风险，稳定并提升了价值。

2. 综合运用股权激励手段提升价值

上市公司将所有权和经营权进行分离，实施职业化管理，并对管理团队实施适当的股权激励，这一做法非常必要。通过股权激励将经理人团队、员工的利益和公司利益连接捆绑，可以激励管理层和员工为公司创造价值。

（1）多层次的股权激励

美的集团的股权激励方案包括 4 期股票期权激励计划、3 期核心管理团队持股计划和 1 期限制性股票计划三个层次。美的集团"多层次"股权激励针对不同对象、不同目的实施。

首先是核心管理团队持股计划。核心管理团队持股计划实际上是限制性业绩股票计划。其次是股票期权计划，主要针对在经营"一线"、与产品与用户相关的业务骨干。最后是限制性股票计划，针对集团下属经营单位的中层管理人员。

（2）各种激励计划具有不同重点

组合式股权激励方案可以通过对各个激励计划的要素进行调整，实现不同程度的激励力度和约束性，从而使整体效果更好。在集团层面设立净利润、增长率等考核指标，在经营单位设立评分考核制度，在个人层面使用 KPI（关键绩效指标法）业绩考核。每个方案的考核重点不同，核心管理团队持股计划侧重的是集团层面和经营单位的整体业绩考核；股票期权和限制性股票业绩考核侧重的是个人 KPI 考核。

（3）各种激励计划具有不同特性

在激励力度方面，核心管理团队持股计划激励力度最大。在约束性方面，存在集团、经营单位和个人三层考核体系，具有硬性的业绩规定。在激励时效方面，实行长期激励时效。

（4）股权激励实行调整和优化

美的集团的组合股权激励方案在模式、对象、数量、价格、来源、业绩、时间七个要素上根据实际灵活设计。这基于美的集团根据市场环境和公司内部状况的变化进行调整和优化的激励策略。

从 2015 年开始，家电行业发展艰难，美的集团在股权激励方案设计上进行动态调整。因为考虑到美的需要稳定的经营业绩，所以设立三年平均利润稳定的业绩指标。

优秀的股权激励方案既要因地制宜地激励和约束对象，又要根据市场环境和公司状况进行动态性调整，同时还能为股东创造更多的价值，从而吸引更多潜在投资者。

总之，以内在价值增长为目标的企业运作符合企业持续成长的需要，而且持续增长的价值对于企业市值持续提升具有决定性作用。多种方式的战略控制、富有成效的多种价值经营手段，以及股权激励等高效的资本运作，有助于价值持续增长，并在此基础上获得市值持续提升。

对标杆、找差距、练内功是价值管理的核心

企业需要以精英治理为目标对标杆，以削减成本为方式找差距，以持续改善为理想练内功。每个行业都有卓越的企业，卓越的企业在利润、成本结构、战略规划等方面采取精英治理的方法，企业需要研究卓越企业，在商业模式之间、在营收之间、在成本之间找到差距，努力降低成本、增加收入，并且改善运营管理体系，提高财务管理和人力资源运用水平，追求高效。这些就是"对标杆、找差距、练内功"的内涵。

对标杆、找差距相互结合，成为练内功的参照。练内功是其中最重要的环节。练内功需要首先做好建模，以此达到复制和快速发展的目标。对标杆、找差距、练内功，以建模和复制实现快速发展，这是价值管理的核心。

1. 建模是"对标杆、找差距、练内功"的基础

研究众多卓越企业，就会发现它们具有一些共同之处，可以以建模的方式为视角来解读这些卓越企业的运营与管理。对于多数企业来说，运用这些建模方式，可以找到复制和快速发展的途径。通过标杆对比自身，就能找到差距，然后改变自身，在运营与管理等各方面"练内功"，实现快速发展。

建模就是简单化和标准化的结合。企业需要建哪些模？这些模包括业务模块、管理模块、资本模块。业务模块包含用户、产品、营销、盈利、合作。管理模块包括战略模块、架构模块、团队模块、财务模块。资本模块包含投资、融资、并购、退出。系统建模的目的是实现复制和快速发展。

激活存量需要利润链条的优化：从收入来说，需要明确新产品和老客户、老产品和新价格、老产品和新客户、政府补贴和专人专职的关系。

从"料"来说，需要把握全球视野、本土操作、长期协议和成本锁定的方法；

从"工"来说，需要把握技术改造、机器代替、劳务外包、流程外包等环节；

从"机"来说，需要把握融资租赁、以租代买、资产剥离、流程外包等程序；

从"费"来说，需要理解运用渠道合伙、成本剥离、管理精干、控制费用、以债转股、无债经营；

从"税"来说，需要把握对接政策、减免税收、财务筹划，做到未雨绸缪。以此获得大额利润，即将 10-8=2 变为 11-7=4，实现增长。

建模可以实现系统复制，其中并购需要寻找标的，进行协议谈判和资金募集。业务建模包括用户、产品、营销、盈利、合作等方面。用户模型中包

括年龄结构、购买能力、兴趣爱好、身份属性、社交网络、行为特征等因素。这里需要明确在移动互联网时代的市场转变中，客户向用户、大众向微众、广告向窄告的转变。

产品模型包括：高内涵，即理念、技术、服务；高毛利，达到 40% 以上；高性价比，需要准确定价、定位。营销模型包括直销、分销、事业合伙人，其实现方式为渠道招商、渠道并购、事业合伙、上市变现、用户社区粉丝变现。盈利模型包括：收入创新，即日常性收入、经常性收入、项目性收入；成本创新，包括流程外包、人事外包、税收优惠。合作模型的目标是通过上市梦想把员工、供应商、渠道、对手变成股东，包括坐地分利、年底分红、上市分股。

理解资本建模，需要理解投资模型：占股 100% 为完全控股；占股 67% 为绝对控股；占股 51% 为相对控股。融资模型包括：债权，以现金流体现；股权体现为战略；收益权体现为杠杆。投资人模型包括：生意圈，即供应商、经销商、渠道商、同行业；朋友圈即同学圈、商会圈、协会圈；内部员工即老股东、高管、核心员工、全员持股；行业投资人即上市公司、明星企业、产业基金、投资公司、资管公司；合格投资者即基金公司和个人投资者。

投资产品模型包括定增，即份额直接投资，其优势是直接持有，其劣势是减持受限，对公司的影响是控制权受影响。投资产品营销模型包括：自融，在找不着、谈不拢、没人信、要兜底的情况下进行；外包是在靠不住、不可控的情况下进行；合作是在有标的、有背书、有资源、有保障的情况下进行。

有限合伙份额的优势是减持不受限，劣势是间接持有，对公司的影响是有限合伙企业难通过。专项基金份额的优势是基金监管安全、减持不受限制、能有效控制企业。

并购模型包括：渠道并购，依靠事业合伙人；竞业并购，依靠 PE（市盈率）估值法；"放水养鱼"依靠并购基金，最终实现并购复制。并购产品模型包括利润、技术产品、团队人才、激励，产能方面需要供应链整合。并购产品营销模型包括：自并，在讲不清、谈不拢、钱不够的情况下使用；外包是在标的不匹配、接触无信赖、授权不清晰的情况下进行；合作在标的明确、价格公允、谈判流畅、融资协助、信用背书的情况下进行。

2. 对标杆、找差距、练内功的实践

1992 年，中国走向了市场经济。美的开始以跨国企业为标杆找到差距。美的与以日本家电为代表的外企建立合资企业，融洽合作关系，学习先进技术；美的在找到差距后，开始"练内功"，收购国内具有一定规模的家电企业，扩展生产基地，壮大产业规模，开拓市场空间。

（1）模式创新、并购重组是领先行业的途径

美的通过海外并购谋求商业模式变革与转型。其中包括 2010 年收购开利埃及，以空调为主要业务；2011 年收购开利拉美，也是以空调为主要业务；2016 年收购东芝白电，以白色家电为主要业务；同一年收购意大利 Clivet（克来沃），以中央空调为主要业务；同一年还收购德国 KUKA（库卡），以机器人为主要业务；2017 年收购以色列高创，以机器人核心部件为主要业务。

美的国内收购标的企业中，包括荣事达、华凌、小天鹅；收购标的企业的产品线集中于空调、冰箱和洗衣机等大型家电；收购标的企业紧靠主要的消费市场，主要位于华东和华南区域。美的通过采用运营"荣事达"和"美的"的双品牌模式，控制公司的利润区。

通过国外合资与国内收购，美的在全球完成生产基地布局，其中包括国内的芜湖、合肥、重庆、苏州、无锡、贵溪等生产基地，国外的越南、白俄罗斯、埃及、巴西、阿根廷、印度等地。美的以客户需求为中心开发产品线，开拓产品链，创新商业模式，实现价值持续提升。

（2）管理模式创新是创造价值的途径

公司治理优化是价值实现的关键。需要明确股东、董事会和管理层的权利义务关系，将所有权和经营权分离，并进行监督和激励。

美的实行"集权有道、分权有序、授权有章、用权有度"的分权体系设计方向。1997年，美的设计事业部改造方案，即以产品为中心组建空调事业部、风扇事业部和电饭煲事业部。

美的在事业部改造实行之后，解决了集团总部和事业部之间、各事业部之间、事业部和产研销部门之间的具体权力分配，责任明确，利益关系处理，集团高效运转保障等问题。

2012年，以方洪波为代表的职业经理人接管美的集团。新一届集团董事会中有7位都是本公司成长的职业经理人。职业经理人团队进行内部改革，并以资本运作推动外延式发展，探索转型升级的方向。

（3）上市方式创新树立标杆

美的整体上市方案是首例以非上市公司吸收合并上市公司。这种方式能够保持美的集团的实力，并符合集团的长期利益。

美的集团将集团内最核心、最优质的小家电、物流、机电等资产注入上市公司，实施换股合并，开创了我国资本市场并购的一个先例。在整体上市后，其溢价远超市场预期，原有股东和投资者认可美的集团的价值。可以说，美的的整体上市为我国资本市场运作树立了标杆，是企业价值经营的优秀范例。

（4）创新股权激励方式促进发展

2015年，美的集团引入战略投资者小米，主动学习互联网企业的成功经验，之后美的和小米合作推出多种智能家居产品。这是利用定向增发实现再融资，以此开拓产业链，提升价值。

总之，对标杆、找差距、练内功是价值管理的核心。企业需要找到行业领先企业作为标杆，然后对照自身，找到差距，明确自身与行业领先企业之间的差距之后，需要在产品创新、模式创新、管理创新、资本运作等方面练好"内功"，参考先进建模方式，采取产品、管理、资本运营等方面的手段进行价值管理，提升企业价值和市值，实现快速发展。

几个思考

1. 对企业资本规划的管理，需要企业经营者从"市值管理"的思维逐步切换到"价值管理"的思维上来。结合本节的内容，自检一下，您的企业目前处在哪一个阶段？对于未来的提升和发展，还可以采取哪些有效措施？

_____

_____

_____

2. 正如作者在本节中所述，企业的资本规划与价值管理，只有持续的价值增长才会助力企业实现持续的市值。对此，您的企业可以从哪些方面入手？

_____

_____

_____

3. 结合本节内容中价值管理的"对标杆、找差距、练内功"三大核心，分析您的企业目前在哪些方面较为成功？还需要进行哪些优化和改善？

_____

_____

_____

研读笔记

第
三
章

改进方法

主要内容

资本规划有的放矢
基因重组焕发新生
价值管理持续成长
并购基金的创新与服务

由产业规划、投融资规划、收并购规划构成的资本规划需要符合企业实际情况和发展需要。值钱才是企业的价值所在，因此需要产业和投资结合，创新技术和并购结合，以此实现企业的"基因重组"，焕发新生。在目标、团队、变量、关系、模块等方面做好资本运营、并购重组和管理，才能获得持续增长的价值。其中，并购基金的设立、运作和服务创新十分重要。

资本规划有的放矢

企业进行产业规划需要基于对产业态势的分析与理解，利用资本和市场的产业偏好，将产业与多种因素相结合进行产业规划。在此基础上，企业需要结合实际规划投资和融资。而且，基于清晰的目标、充分的尽职调查和合理整合的收并购规划，可以帮助企业成长。产业规划、投融资规划和收并购规划彼此融合，共同促进企业增长。

资本规划之"产业规划"

有人提出"关于产业的十万个为什么"，其中包括以下内容：各种各样的餐馆遍地都是，也有不少百年老店，可为什么只有麦当劳等几家餐厅变成了世界级的企业？为什么世界级的零售企业越来越大，消费品的生产商越来越无奈？为什么互联网的企业在经过了大淘汰后最近又繁荣起来，大有卷土重来之势？这些是对产业发展的思考，解决这些问题有助于企业家的产业规划。

1. 认清产业态势，开拓产业规划视野

当前企业家需要认识到产业为本、战略为势、创新为魂、金融为器的重要性。这基于这样的哲学与方法论：一个问题的解决，往往在本层级系统里无解，需要到更高一级的系统里才能找到答案。企业、产业和宏观经济，是三个不同层级的系统。企业的很多问题，需要在更高层级的产业系统里才能找到答案和出路。所以，思考企业的问题，必须建立产业思维和产业认识。经过分析发现，三股商业潮流决定未来几年中国的产业态势。

（1）大量企业难以应对新技术、新模式、新经济的冲击

有关数据显示，各细分行业被 PE 投资了的企业将近 8 000 — 10 000 家，其中几千家将梦断 IPO，它们将去哪里？并购给上市公司。

分析未来几年的产业趋势，可以认为，以上市公司和领先企业为龙头的并购和整合，将成为一股商业潮流：产业集中，结构优化，规模经济和范围经济的效率提升。所谓中国经济结构转型和升级就意味着其中一大主题内涵：产业整合。行业内的企业竞争，在于上市赛跑；上市公司之间的竞争，在于并购赛跑。在两场赛跑中领先的企业，将甩开竞争对手，直奔行业寡头和产业王者的位置上去。这个过程，就表现为上市公司的成长突破和高增长。

当前，越来越多上市公司认识到甩开有机增长或内生式增长乏力的困扰和纠结，利用上市地位，以并购成长作为突破方向。问题在于并购成长十分艰难，存在五大障碍：

· 视野、观念和思维

· 并购的人才、团队和专业能力

· 资金

· 购后整合、管控模式、战略升级和组织变革

·决策上的制约

（2）商业潮流体现为新技术、新产业、新经济

移动互联网和大数据将改变一切产业。移动互联网和大数据将产业化，产业则移动互联网化和大数据化。新技术创造新需求、新商业、新产业。新商业的大航海时代决绝地抛弃旧领地，毅然地走向一个未知的、有无限可能性的广阔世界，最终发现新大陆、开辟新天地。

看清产业态势需要明确产业本质，这股商业浪潮不是蜕变和转型，是新陈代谢、新旧更替和整体换代，是人的换代、商业换代、产业换代。传统业务如何应对挑战、逆袭和颠覆？如何保住地盘？如何实现转型和O2O改造？如何基于原有的业务和能力，开辟新业务、新领域？如何甩开原有的业务和能力，直插下一代或下下一代，全新出发，拥抱互联网，拥抱新经济？这需要跨界经营、逆袭和弯道超车。

（3）商业潮流体现为走出去、引进来、全球化

中国的很多产品和产业，其未来的市场空间和竞争对决系于国外：高铁、汽车、电信、家电、建筑、钢铁、电子、化工……均将整合国外的自然资源、产业能力和资源。为数不多的雄心壮志的企业，率先走向世界，建立全球化经营和管理体系，拉动中国经济深度融入全球化循环，拓展全球化生存空间，重构产业分工体系，逐级传导，决定着产业链条上各个环节厂商的兴衰与生死。

从宏观、微观和中观角度观察中国经济，可以发现宏观方面中国经济的结构转型和升级，在微观方面需要观察思考如何实现成长突破，在中观方面需要观察产业态势和新技术、新产业、新经济三股商潮。所谓中国经济结构转型，具体指并购、创新、全球化。

2. 企业家和投资家必须建立的产业规划

企业家需要沿着人均 GDP 的变迁轨迹寻找产业机会、规避行业风险，沿着经济时差和产业转移的轨迹寻找产业机会。需要利用上市、再融资和资本市场估值中的产业偏好，以产业代表的身份寻求"产＋某"结合模式。需要以历史性远见看到中外产业竞争态势的大趋势。需要确立"产品竞争—产业链竞争—产业生态竞争"的竞争思维，洞察"产业边界清晰—产业边界模糊—自设产业边界"的企业演变趋势。需要认识到从问题中发现产业机会，即哪里有问题，哪里就有产业机会；哪里问题大，哪里机会就大。需要认识到产业集中是历史必然，产业整合是大势所趋，移动互联网将改变一切产业，数据成为关键的经济资源和核心资产。需要认识到产业与商圈的一体化共生，寻找区域产业分工、国际产业分工与产业机会，进行技术创新与产业变迁。

（1）企业沿着经济时差的轨迹进行产业规划

因为禀赋差、地域差、观念差等因素，各国各地区发展有先后、贫富有差距（人均 GDP 是关键指标），经济在一些国家或地区先发展起来，紧接着其他国家或地区继起跟上，出现所谓的"区域经济时差"现象。发展先行区域的可复制驱动因素，迟早会传到发展落后的区域，进而带动落后区域的经济快速增长，后来者瞄准先行者的状况行动，探索和学习成本可大大降低。

企业需要沿着产业互联网化的时差寻找产业机会。所有产业都将互联网化，但是各个产业被互联网改造的时间先后和节奏是不一样的。建立在信息流、资金流上的产业形态，将率先被改造，建立在信息流基础上的传媒、出版、教育、游戏等产业与建立在资金流基础上的金融、保险、支付等产业将面临着互联网、大数据带来的挑战。

（2）利用上市、再融资、资本市场估值中的产业偏好进行产业规划

IPO 和再融资审批中的产业偏好表现为：先看行业，后看企业；行业概念，

已定一半。这些行业受到限制：技术含量低的纺织企业；无品牌、无销售渠道的服装企业；旅游景点；房地产开发与经营；土木工程建筑；白酒类；非主流的金融业（如典当）；国家产业政策明确抑制的产能过剩和重复建设的行业；环保不达标企业；高能耗企业。曾经的 IPO 热门产业包括房地产、水泥、汽车、钢铁等，现在成为 IPO 受限产业。这些产业曾经是 GDP 增长的源动力，鼓励发展的方向，现在基本供过于求，成为宏观调控的对象。

受鼓励的行业包括：国家战略性新兴产业、有发明专利的科技产业（新能源、新材料、新一代信息技术、生物与新医药、节能环保、航空航天、海洋、先进制造、高技术服务及其他领域中具有自主创新能力、成长性强的企业）。属于中性的行业包括：制造型企业；金融产业；大型的服务性企业、工程类企业；成熟产业中的优势企业（主板）；新产业中的成长企业（中小板）。

企业需要认识到资本市场估值中的行业差异，不同的行业，拥有不同甚至是迥异的估值水平。有的行业永远低估值（比如钢铁），有的行业永远高估值（比如互联网、生物），有的行业永远中等估值，有的行业时高时低（比如白酒、地产、券商）。

企业需要根据产业偏好来选择产业方向（拟上市和新上市公司）、转型方向（老上市公司）和募资投向（融资和再融资项目），根据产业偏好来选择上市市场和策略，即借壳上市、选择创业板还是中小板、A 股还是海外证券市场等。

限制上市的行业（如房地产、白酒），或者及早打消上市幻想，另辟融资路径（如发行房地产信托计划、寻求房地产基金投资），或者及时采取灵活策略，绕行上市（比如衡水老白干以农业概念养猪上市，名为裕丰股份；上市后再将主业改为白酒，名称也改为老白干酒；陕西西凤则另谋借壳上市或换股并购）。

（3）利用产业与多种因素结合进行产业规划

投资家或 PE 机构，根据发审关口和资本市场估值的产业偏好来选择投资目标。以产业代表的身份，开展"产 + 某"结合，在全社会范围内调动资源向自身集聚。

第一，产融结合。即产业资本与一般银行、信托、产业基金、政策性银行（开发银行、进出口银行等）、银团、世行亚行 IMF（国际货币基金组织）等金融资本结合。

第二，产政结合。与国家和地方政策、区域发展计划、行业协会等互动，比如参与制订行业标准，在国家和地方的政策和发展计划推行的过程中扮演积极、主动的角色。

第三，产学结合。利用大学的品牌、人才与专业力量，委托课题、技术攻关、设奖学金、包班培养人才、建博士后流动站、开展基础理论研究等。

第四，产地结合。以产业园、创业孵化园、产业集群、工业园、科技园等计划圈地、上项目、聚人才、拉动资源靠拢。

第五，产信结合。推动行业的管理信息化、业务信息化和自动化，加深行业认识、提升行业影响力。

第六，产媒结合。办行业媒体，积极参与行业权威媒体、峰会和排名，广结行业人脉、提升业界地位。

第七，产研结合。与本行业的全球权威研究机构结合，比如引进技术、转化技术、委托技术攻关、专利交易等。

第八，产智结合。利用优秀咨询公司、专业机构、智囊机构的视野、知识和信息，持续学习，保持思想活力。

第九，产社结合。重视社会责任、企业文化、公益营销、NGO（非政府组织）互动、公关、公众形象、品牌提升等。

第十，产产结合。纵向的产产结合为行业一体化或供应链联盟，横向的产产结合为产业生态化或产业联盟。

各个产业、各个企业的处境不同，所以"产+某"结合的对象和方式也不同，需要因产制宜、因企制宜、因地制宜、因政制宜、因人制宜。在此过程中，企业最有力量、最具分量的身份是"代表产业"，企业的卖点是"产业"，而不是"企业"。抓住了"产业"这个阿基米德支点，企业就可能聚集社会各方面的力量和资源。在此过程中，产业思维、产业理想、产业使命是灵魂与关键。

总之，认清产业发展态势需要认识到新技术、新产业、新经济是商业潮流。然而，当前大量企业内生增长乏力，难以应对新技术、新模式、新经济的冲击。同时，走出去、引进来、全球化是商业发展趋向。企业进行产业规划需要基于对产业态势的分析与理解。企业需要沿着经济时差的轨迹进行产业规划，还要利用上市、再融资、资本市场估值中的产业偏好进行产业规划，更要利用产业与多种因素结合进行产业规划。只有这样，企业产业规划才能符合产业发展趋势，利用多种因素聚集资源，促进企业价值提升，实现持续成长。

资本规划之"投融资规划"

基于对当前民企投融资的环境分析，可以发现融资难，同时投资收益难以保障。因此，企业需要结合实际进行多种方式的投资融资。这种投融资规划包括产融结合、股份回购与增减持、再融资，以及股权质押融资等。做好这些投融资可以获得价值增长。

1. 企业投融资环境

关于民企融资问题的分析，主要有两种角度，"贵"和"难"。民企融资成本长期高于国企，并且目前的民企利差处于历史相对高位。民企利差在经济下行压力大、民企违约频出的时期会扩大，只有市场风险偏好恢复和政策推动，它才会缩窄。

民营企业融资难根本上源自从银行借贷难，其原因有两个方面：一方面，我国的民营企业多为中小型企业，普遍缺乏资本金和抵押品，抵抗风险能力弱；民企现金流相对紧张，一旦不景气就陷入危机；民企缺乏信用担保等。另一方面，从商业银行的角度来看，作为盈利性机构，商业银行考虑资产质量及风险收益。民企缺乏资本金和抵押品，中小民企融资风险高而且收益较差。这些因素导致银行对民企具有惜贷心理。这显然会影响中小民企的融资与发展。

经过调查发现，我国企业融资方式以间接融资为主，而间接融资的主体为商业银行。商业银行在审贷的时候，首要关注点是该企业是国企还是民企，其次才会关注企业的规模。由于存在这些因素，再结合金融市场的连锁反应和放大机制，中小微企业的融资成本较高，难度较大。

2. 结合实际进行投融资规划助推企业增值

产融结合的多股权投资、股份回购与增减持、再融资、股权质押融资是企业投融资规划的重要内容。根据变化的环境，结合企业和市场实际，采取合理的投融资方案会有助于企业规避风险，摆脱困境，实现价值增长。

（1）产融结合的多股权投资

真正的产融结合是以上市公司为平台，打造以金融控股平台为核心的多元化布局。通过对其他公司的控股或参股形成产融结合的股权结构，并通过对股权进行合理的交易和安排，实现价值和市值提升。

第一，产融结合多股权投资的意义。

产融结合多股权投资是保证投资后的市值增加、整体资产流动性加强、系统性风险降低的一种市值管理方式。在新兴资本市场上，企业进行集团化和多元化经营时有如下好处：容易形成品牌优势；有利于提升股东的股权收益；可以降低融资的成本；有助于分散企业的经营风险；降低产品的交易成本；以较小的资金获取较大的控制权，进行高效融资。

第二，产融结合多股权投资的股权布局。

使得公司市值倍增、以较少资金获得较大控制权的关键在于股权布局。这种股权结构布局具有如下特征：

一是，在整个企业系族的最上层是一个有限责任公司，通常叫作"某集团"或"某控股"。整个公司一般是由家族的核心人员担任股东，是家族对外的投资平台和管控平台。

二是，控股公司直接控制的企业有三类：主要的产业公司；银行、证券公司或保险公司等金融机构；贸易公司、酒店和超市等。

三是，在集团当中一定要有一部分公司上市，但并不是所有的公司都需要上市。并且，集团会通过各种办法对上市公司实施控制，上市公司就会成为整个集团的投融资平台。

第三，多股权投资的决策原则。

可以找出对企业自身比较重要的影响因素，把它们作为决策时的参考依据。对于经营难度小、投资风险也比较小的项目，公司可以将其作为全资子公司进行投资，不需要单独上市，为上市公司的价值管理提供稳定基础；对于经营难度大、投资风险小的项目，公司可以开放股权，引入战略投资者，降低经营风险；对于经营难度小、投资风险大的项目，公司可以出让控股权和经营权，参股做战略投资者就可以了；对于经营难度大、投资风险大的项目，理想选择是做财务投资人，以此获取投资收益。

第四，股权组合优化。

对于多股权投资来讲，要作出正确的投融资决策，就要从源头上控制风险。具体来说，就是科学合理地判断股权资产价值，优化股权组合结构。首先，定期分析投资组合的投资效益，结合公司需求不断调整多股权组合。其次，盘活股权，提高资金使用效率。可以采用股权质押融资、发行股权质押信托产品等方式盘活股权资产，从而为企业的进一步产融结合提供资金。最后，采取股指期货、融资融券和转融通等方式进行系统风险对冲。

（2）股份回购与增减持

企业利用自己持有的上市公司股票，顺应股票市场波动，通过买卖公司股票使持股比例增加或创造现金流，平抑市场风险影响，稳定股价，其具体的做法包括股份回购、控股股东的增持和减持。其中，股份回购、增持又可以配合推出股权激励和员工持股计划。

第一，股份回购。

股份回购指的是当公司股价被明显低估的情况下，上市公司从二级市场回购本公司发行在外的股票。有两种处理回购来的股票方式：一是与价值实现的措施相结合，推出股权激励计划或员工持股计划。二是用于注销，进行股本管理。

第二，增持股票。

增持股票的方式主要有二级市场购买、大宗交易、委托投资银行通过大宗交易系统进行询价和配售、协议转让。

第三，股份减持。

从市值管理的角度来看，股份减持一般发生在公司股价被高估之时。上市公司的控股股东通过股份减持既可以兑现股权投资的利润，还可以使得公司股价回调到合理的价格区间。股份减持的方式一般包括二级市场直接减持、大宗交易和协议转让。

（3）再融资

再融资是指上市公司通过配股、增发和发行可转换债券等方式在证券市场上进行的直接融资。再融资作为公司 IPO 之后重要的融资渠道，其效益和成本直接决定着公司上市后能否在产融结合这条路上可持续成长。同时，再融资也是上市公司市值管理，尤其是价值经营的重要手段，合理的再融资会降低融资成本、完善股本结构，实现公司市值优化和提升。

第一，配股。

配股是上市公司向原股东按照持股比例发行新股、筹集资金的行为。实施配股须具有特定条件。

第二，公开增发。

公开增发也叫增发新股，是指上市公司向包括原有股东在内的社会公众发行新股，对持有该公司股票的人一般都以一定比例进行优先配售，其余网上发售。增发新股可以扩大公司股本规模，降低市盈率，对公司业绩摊薄作用明显，而且，增发新股获得的资金可以用于公司价值经营和价值提升。

第三，定向增发。

定向增发是向特定的符合条件的少数投资者非公开发行股份。定向增发通常与资产收购、资产注入、引入战略投资者、并购重组等需求相关联。定向增发可以提高每股净资产，优化股本结构，提升公司市值。

第四，发行可转换债券。

发行可转换债券的目的是使公司股价符合公司实际内在价值。可转换债券是一种被赋予了股票转换权的公司债券，持有者可根据自身意愿，选择是否按照约定的条件将持有的债券转换为公司的股票。

利用可转换债券融资，融资成本低于单纯的债务融资，可以改变公司财务结构，使资产负债率趋向合理。

第五，发行分离交易可转债。

分离交易可转债是一种附加认股权证的公司债，可分为纯债和认股权证两部分，赋予了上市公司一次发行多次融资的机会。分离交易可转债是债券和股票的混合融资品种，它与普通可转债的本质区别在于债券与期权可分离交易。

第六，优先股。

优先股是相对于普通股而言的，优先股股东优先于普通股股东分配公司利润和剩余财产，但参与公司决策管理等权利受到限制，没有选举权和被选举权，一般没有公司经营管理的参与权。优先股在分红上有点像债券，一般是按照固定比例分红。

（4）股权质押融资

股权质押融资指的是公司股东在不让渡或暂时让渡股票所有权的情况下，将其持有的公司股权作为质押担保或卖出回购的一种融资方式。股权质押融资的方式主要有三种：股权质押贷款、股权收益权转让回购和股权约定式回购。近年来，股权质押融资越来越受到上市公司股东、券商、银行和信托公司的重视，已经成为上市公司股东融资和市值管理的重要工具。

第一，股权质押融资的优点。

股权质押融资不是一种标准化的金融产品，主要是以取得现金为目的，公司股东通过股票质押融资取得的资金通常用来弥补流动资金不足。这样可以做到以下几点：盘活存量股票，保持持股比例不变；降低融资成本，提高融资效率；提高股权资产使用效率；改善资本结构。

第二，股权质押贷款。

股权质押贷款是股权质押融资中的典型方式，指公司股东以其合法持有的公司股票和可转债做质押担保，向商业银行、信托公司等金融机构获得资金的贷款行为。

股权质押贷款的特点：贷款期限最长为一年；贷款利率按照央行利率管理规定执行；资金用途有限制；需要办理强制执行公证；股票质押率由贷款方依据被质押的股票质量及借款人的财务和资信状况与借款人商定；为控制因股票价格波动带来的风险，设立警戒线和平仓线。

第三，股权收益权转让回购。

股权收益权转让回购已经成为上市公司股东一种普遍的信托融资方式。具体做法是上市公司股东将其合法持有的上市公司股票做质押担保，转让股票收益权获得融资，按约定时间、约定价格回购股票收益权清偿本息的一种融资方法。

这种融资方式将股票的所有权和收益权分离。其本质是上市公司股东将所持公司股票交给信托公司，信托公司以股权收益发行信托计划融资的行为，信托计划到期后原股东将进行回购。

第四，股权质押融资综合应用。

股权质押融资在接下来的 3 年至 5 年内会越来越受到上市公司股东的重视，成为上市后募集资金的主要方式。由于股权质押融资对资金用途限制较少，上市公司既可以用质押融到的资金投入生产运营，也可以将资金投入证券投资或购买土地。

总之，企业的投融资规划关系到企业生存与发展。面对融资难、投资收益难保障的局面，企业尤其需要结合自身实际，作出合理的投融资规划。其中运用资本思维，结合产业发展，进行产融结合的多股权投资，根据公司盈利情况决定股份回购与增减持，依据一定条件进行再融资，适当进行股权质押融资，这些都是企业投融资规划的重要内容。

资本规划之"收并购规划"

随着收并购市场的发展与逐渐活跃，企业可以利用多种方式进行收并购，实现迅速扩张，提升市值和价值。良好的收并购规划需要有明晰的并购决策、充分的尽职调查和合理高效的并购整合。显而易见，资本规划中的收并购规划对于企业十分重要。

1. 收并购市场现状

当前随着资本市场的发展和逐渐完善，并购市场出现活跃状况。2018 年 6 月，并购市场共发生并购事件 786 起，相较于 2018 年 5 月的 574 例并购案例，同比大幅上升 36.93%。按并购类型来分，收购、增资、股份回购、资产收购的案例数分别为 585 例、139 例、51 例和 7 例；从交易方式来看，协议收购仍然是并购市场的主要交易方式。2018 年 6 月，667 例并购交易以协议收购的方式完成，此外以集中竞价、公开市场交易发生的并购案例数分别为 79 例与 31 例。

A 股并购案例数略有下降，17 起并购案例已披露交易金额。2018 年 6 月，A 股市场共发生 30 起并购案例，同比下降 20%。新三板并购市场活跃。2018 年 6 月，主板公司并购挂牌企业案例数为 14 例，相比 5 月份的 15 例略有下降；6 月公告的并购案例处于完成、进行中、失败状态的数目分别为 0、14、0 例。横向整合是上市公司并购挂牌企业的主要目的，14 例并购案例当中，以横向整合、垂直整合、多元化战略、资产调整为目的的案例数分别为 10、2、1、1

起。风险依然存在，表现在经济下行风险和并购重组审核趋严等方面。

2. 良好的收并购规划助推企业增值和扩张

并购重组是企业一种最快速的扩张方式和最高层次的投融资方式，盛行于全球的各个资本市场和各个行业。同时并购重组也是提升上市公司市值的一个非常快捷的途径，是市值管理中价值经营最重要的手段。

（1）收并购的概念

并购重组由并购和重组两个概念构成。并购又称为兼并与收购。兼并指的是两家或者更多独立的企业合并组成一家企业，通常由一家占优势的企业吸收另一家或更多的企业，目标是"取得标的公司产权"。

收购指的是一家公司通过购买股票或者股份等方式，取得对另一家公司的控制权或管理权，目标是"部分或全部资产和股权"。重组是指对企业的资产进行分拆、剥离、出售、整合等优化组合的运作。并购是在不同主体之间进行所有权和控制权交易，而重组一般是在同一控制人下的资产、业务转移。

（2）收并购的类型与作用

按照不同标准可以把并购分为不同形式，其中与市值管理相关的主要有两种分法：一是根据双方行业相关性可以分为横向并购、纵向并购和混合并购；二是根据公司实际控制人是否愿意出售公司分为善意并购和恶意并购。

横向并购就是收购竞争对手，与竞争对手合并。资本市场的投资者一般认为横向并购可能带来经营协同效应和财务协同效应，有利于提升企业在行业中的地位，增强未来盈利能力，提升市值。

纵向并购就是同一产业链上下游企业之间的并购。资本市场的投资者一般认为纵向并购能够实现经营协同效应、管理协同效应和转型升级协同效应，有利于削减成本、提升利润率，通过提升管理有效性、促进技术转移实现价值提升,并通过收购调整产业结构,实现主营业务从价值链的末端向前端转移。

混合并购指的是发生在不同行业公司之间的并购。其目的是产品线扩张、产融结合等。跨界并购就属于混合并购。

从被收购公司的意愿观察,可以将并购分为善意并购和恶意并购。善意并购指的是在卖方同意的情况下进行收购,主要通过协议收购;恶意并购是在公司实际控制人不同意的情况下,在二级市场大量买进公司股票,直接争夺控制权。恶意并购的标的企业往往股权分散、股价被低估。

(3)收并购与企业成长

公司价值的增长有两种方式:一种是内生式增长;另一种是外延式增长。内生式增长是一个缓慢的过程,内在价值反映到市值的过程较长,在资本市场上获得溢价慢。通过并购的外延式增长提升市值则快得多。从产融结合的角度来看,上市公司既要通过研发驱动的内生式增长以增加核心竞争力,更要通过并购实现速度更快的外延式增长。

(4)收并购的融资安排

从市值管理的角度来看,无论是在股价高估或是低估时,都可以进行并购重组,只是采用的支付方式和融资方式不同。在公司股价被高估时,可以通过发行新股或定向增发融资的方式进行并购重组。在公司被低估时,采用定向增发进行融资并不适合,合适的方式是现金收购,以“公司自有现金+并购贷款+发行债券(或可转债)”方式进行杠杆收购。

因此,从市值管理的角度看,合理的融资安排是并购重组的重点。并购重组的融资一般采取组合方案。比如杠杆收购就是“自筹资金+并购贷款+发行债券(并购基金)”的融资组合。

(5)并购重组中的并购决策、尽职调查和并购整合

在并购重组中,每一个失败的案例都有其独特的原因,但是共同点是三

个关键环节没有做好：并购决策、尽职调查和并购整合。这三个方面主要存在的问题是：并购战略不清晰；尽职调查的专业能力不足；并购后的整合困难。因此，并购重组需要做到以下几点：

第一，并购目的要清晰和明确。

根据对以下问题的回答找到并购的战略目的：是否内生式增长和外延式扩张相结合？是否建立规模经济？是否整合资金、技术、品牌等资源，实现资源共享或互补？是否减少市场竞争、提高市场竞争力？是否战略调整，进入新行业、新领域，进行产业拓展？

横向并购的目的在于：产业整合，扩大市场占有率，减少竞争对手，获得市场定价权；补短板填空板；并购竞争伙伴转化为利益共同体，从行业前沿寻找标的并购后成为行业领袖。纵向并购的目的在于：发挥产业链协同效应；出现价值链创新或价值链整合的机会。混合并购的目的在于：多元化经营；跨界转型；实现"实业＋投资"的产融结合模式。

第二，并购中的尽职调查要充分。

一些表面看上去很有价值的并购标的，实际上却会给并购者带来诸多的风险。因此，在尽职调查阶段要尽可能地去评估各种风险，客观评估协同效应，挖掘潜在价值，重视中介机构的作用。尽职调查的内容要充分和全面，主要从价值挖掘和风险发现两个维度进行评估。

尽职调查一般需要 3—6 个月，主要流程有：会见企业的管理者，收集和分析企业的有关资料，现场参观目标企业，拜访公司的竞争者、客户、供应商、管理层的其他成员、公司的部分员工、公司的债权人、律师、CPA（注册会计师）、有关专家或顾问、金融机构和有关政府部门，并邀请另外两家投资伙伴进行独立的分析。

第三，并购重组中的整合要合理。

I 资本智慧

ntelletual Capital

> 并购重组是企业一种最快速的扩张方式和最高层次的投融资方式，盛行于全球的各个资本市场和各个行业。同时并购重组也是提升上市公司市值一个非常快捷的途径，是市值管理中价值经营最重要的手段。

能否进行有效整合直接关系到并购交易的最终成败，并购整合需要做到：制订详细的整合计划；整合从尽职调查开始；准备足够的整合资金，处理好流动性风险；战略融合；人员融合。

需要注意业务整合，专注于业绩增长而不是效率协同；需要注意文化融合，将两种企业文化混合起来，或者让它们保持独立；需要有恰当的整合速度、有效的沟通、明确的财务协同目标；需要识别风险，根据业务紧急程度和复杂程度来确定并购整合项目的优先级，并识别和分类可能出现的风险。

总之，收并购的意义在于提升企业在行业中的地位，增强盈利能力，增加企业市值，因此上市公司既要通过研发驱动的内生式增长以增加核心竞争力，更要通过并购实现速度更快的外延式增长。基于清晰的目标、充分的尽职调查和合理整合的收并购规划可以帮助企业成长。

几个思考

1. 面对产业整合的大势所趋, 试想一下, 如果您的企业即将进行产业规划或整合, 可能会面临哪些机遇?

_____

_____

_____

2. 结合本节所述内容, 思考一下, 您的企业以往采用了哪些投融资渠道? 根据本书的讲解, 在未来的投融资规划上, 要点是什么?

_____

_____

_____

3. 作为企业资本规划的重要构成之一, 收并购规划也是企业经营中不容忽视的一个方面。结合您的企业当前实际情况分析, 如果要顺利实现收并购计划, 目前已经具备哪些条件?

_____

_____

_____

研读笔记

基因重组焕发新生

为了让企业值钱，企业家需要站在产业发展前沿作出规划。进行聚焦产业的内生式和聚焦投资的外延式协同发展、重塑盈利模式，需要产业和投资的结合。不仅产业和投资结合，并购与技术创新相结合也是成功企业再造价值、实现并购转型和持续成长的良好途径。

什么样的企业最值钱

对企业来说，值钱比赚钱更重要。为了让企业值钱，企业家需要站在产业发展前沿作出规划。

1. 企业值钱的依靠力量

可以认为以下这些种类的企业容易值钱：垄断、独角兽、连锁品牌、平台服务企业、无形资产含量高的企业、可标准化复制但高门槛的企业、可自我繁殖并迅速扩张市场的企业。上述企业可以暂时不赚钱就能先值钱。

如果认为企业的产品、管理体系、资本运作体系是"基因"的话，那么项目要赚钱，首先靠"基因"，其次靠努力。需要认识到优良"基因"是选出来的；选得好比做得好更重要。考虑赚不赚钱涉及投资问题，考虑值不值钱涉及融资问题；能赚钱是值钱的基础，会投资是赚钱的基础。因此可以得出结论：投资的时候就决定了以后是否能够获得融资。

资产的溢价需要包装，讲投资者喜欢听的故事。企业既要有主导产业的"支点"，更要有市场需要的"卖点"。如果将有形资产价值当作"报告文学"，无形资产价值当作"科幻小说"，那么企业既需要写"报告文学"，又需要编"科幻小说"。而且需要认识到有形资产价值以加法增值，无形资产价值以乘法增值。有形资产价值和无形资产价值都需要得到重视，尤其需要重视无形资产价值。

据分析可以认为，产品级的项目，市盈率最多十位数；产业级的项目，市盈率可达百位数；生态级的项目，市盈率超过千位数。因此，越值钱的企业做的项目空间越大，链条越多。当前最值钱的企业做的是生态级项目。

随着资本市场发展，企业家会思考两个问题：什么条件让一家公司具有投资价值？什么条件让公司未来的价值比现在更高？答案最终归结为两点：收益和资产，尤其是收益。

2. 企业值钱的基本条件

企业需要站在资本的角度去思考未来的路。阿里巴巴、小米、滴滴、美团等企业的成功故事说明走在时代最前沿、颠覆传统思维模式的重要性。在互联网行业里通过融资完成企业快速增长、市值提升的案例很多。企业如果具有良好项目和商业模式，就需要借助外力推动，需要融资。企业家需要考虑的是投资人眼里值钱的企业是怎样的。对企业来说，值钱比赚钱更重要。为了让企业值钱，企业家需要站在产业发展前沿作出规划。以行业第一为目标，提供创新性商业模式，提供差异化和强大的替代性产品，逐步创建强势品牌，使之具备增长性和持续性，这些方案可以帮助企业成为投资者眼里的值钱企业，获得资本市场青睐。

以下几点可以帮助企业家明晰思路：

（1）符合国家产业政策，居于产业发展前沿和国家产业规划的优势地位

符合产业政策和方向的企业没赚钱也值钱，新能源汽车没赚钱就上市了就是例证。符合产业政策的优势是能够获得政府支持，居于产业发展前沿的优势是拥有更多的机遇、市场开拓的先行者带来的利益。处于国家产业规划的优势地位可以获得许多扶持性帮助和更多的地域、产品的选择机会。这些都是企业值钱的要素，足以吸引投资者的青睐。

（2）处于行业第一的地位

值钱的公司一定要有格局，一开始需要追求行业份额，而不是抢占现金流。在资本市场看来，现金流并不特别重要，市场份额优于现金流。

值钱的公司价值在于无限的想象力，无限的想象力来源于用户和用户背后的经济价值。公司需要选择良好切入点，并快速获得大量的用户，从而建立自己在本行业内的品牌和地位，逐渐抢占市场份额。举例来说，京东融资以后自建物流，后来的电商因为竞争成本太大处于劣势。因此能为用户创造价值、处于行业第一的企业会值钱。

（3）提供解决方案，具备可增长性

可增长性是企业值钱的重要条件。企业无论几倍、十几倍还是几十倍地增长，都意味着背后为社会所带来的价值也在成倍增长。增长分为内生增长和外延增长。内生增长需要从客户出发，思考如何让客户产生黏性，产生复购，还需要思考客户的终身价值。举例来说，滴滴打车与滴滴出行有何不同？打车是卖产品，出行是卖解决方案。打车是计算打一次车的收益，而出行是解决人们只要走出家门就需要使用的交通工具，即整体的解决方案。出行可以坐出租车、顺风车、专车、飞机、高铁、公交车、大巴等，只要用到交通工具，都可以想到滴滴，甚至不知道如何选择交通工具，都可以咨询滴滴，所以这是解决了人们出行的一系列问题。因此产业链拓宽，增长空间随之扩大。

（4）品牌处于强势且可持续

企业需要认识到，品牌是为了客户想得到你，渠道是为了客户找得到你。品牌的功能就是快速传播。苹果、阿里巴巴、小米等世界级强势品牌是逐渐建立和成长起来的。

举例来说，王老吉与加多宝为两家公司。王老吉品牌很强，加多宝渠道很强。人们发现在过去很长一段时间里，到饭店吃饭要喝凉茶首先想到的就是王老吉，但通常服务员会送上加多宝，但顾客也能接受加多宝。但是后来，客户点王老吉的时候服务员送上来的就是王老吉。这说明品牌的持续性要比渠道更强，当品牌足够强势的时候，打开渠道只是时间问题而已，但如果品牌不够强势，渠道再好最终也会在竞争当中败下阵来。

（5）产品具有巨大的差异化和强大的替代性

值钱的公司在产品上一定有巨大的差异化。切入市场的方式有两种：一种是专业的技术替代性产品，也叫替代性创新，比如数码相机天生就是替代胶卷相机的，水笔天生就是替代钢笔的，这些都属于专业技术领域的替代；一种是跨行业的弯道超车。

举例来说，微信刚诞生的时候，阿里并不重视，但是当今微信撬动了电商、支付、通讯、营销各个领域。因此在资本市场看来，值钱的公司产品具有巨大差异化和强大替代性。

总之，资本眼中赚钱的公司和值钱的公司之间的本质区别就在于资产收益可能性和空间。符合产业政策并居于产业发展前沿的企业一定值钱，行业第一的企业拓宽产业链，并形成产业生态，因此具有巨大利润空间和发展潜力。可增长性和可持续性，以及具有强大替代性的差异化产品，都是企业值钱的要素。

重塑盈利模式：产业 + 投资

作为增长的需要，企业盈利十分重要。企业家需要了解增长难的原因及解决方案。这包括企业没有盈利系统，或者有系统却盈利能力不强，或者盈利能力强却不能复制，有的能复制却不能持续。要解决问题，需要认识两种不同的发展模式，即通过"爬楼梯"还是"坐电梯"实现发展。要通过"坐电梯"实现发展就需要根据客户需求变化，进行聚焦产业的内生式和聚焦投资的外延式协同发展，重塑盈利模式是其具体体现。

1. 重塑盈利模式的基本要求

根据客户需求变化确定企业重心，是盈利模式设计的基本要求，企业家需明确认识：寻找和创造利润区作为盈利模式设计的目标和途径同样重要。

（1）寻找和创造利润区

设计商业模式的首要问题就是盈利。净利润反映的是企业当前的经营价值，净利润增长率反映的是未来成长价值。以客户为中心的商业模式设计目的就是寻找和创造利润区。

在价值流入阶段，竞争很少，企业只要能够生产产品就能盈利，公司的市值收益比很高，资本市场将给予企业较高的市场溢价。然而，价值稳定阶段竞争开始激烈起来，行业成长趋缓，价值增长的机会属于既能改善经营效益又能满足市场需求的企业。同时，在价值流出阶段能实现价值增长的企业凤毛麟角。此时，企业必须转型，必须通过并购和商业模式创新才能实现增长。

寻找和创造利润区的第一步就是要弄清行业处于哪个阶段，变化趋势是什么。行业地位的演变可以从宏观经济、区域经济和产业经济状况进行判断。

从产业经济的视角可以观察企业处于整个全球行业价值链什么位置。一般来说，处于价值链最上端的，处于价值流入阶段；处于价值链中间以上的，处于价值稳定阶段；处于价值链中间以下的，处于价值流出阶段。在价值流入阶段，商业模式在市场中极具竞争优势。在价值稳定阶段，商业模式已经能够很好地适应消费者的需求偏好。在价值流出阶段，价值开始向那些能够有效地满足顾客需要的商业模式转移。

为了判断企业的商业模式处于哪个阶段，首先要回答以下问题：行业利润区今天在哪里？利润区明天会在哪里？为何有的公司总能先于对手发现行业不断变动的利润区？利润区变化和流动的原因是什么？企业的商业模式设计应该如何改变？

企业创始人经常忘记商业模式设计与客户需求之间具有不断变化的动态关系。只有持续不断地分析价值转移规律，才有可能寻找到或创造利润区。

（2）以客户为中心设计商业和盈利模式

供给稀缺时代是一个商家和供货商的年代，那时可能所有的行业和企业都处于价值流入阶段。但是现在生产过剩、供给过剩，市场的权利已经转移到客户。由于互联网的普及，客户掌握了大量的商品信息。因为信息的高度对称，客户已经处于商品社会的中心。因此企业只有满足客户需求才能获得市场份额。成功的商业模式设计一定是以客户为中心进行设计的，专注于满足客户需求。

近两年非常流行的"互联网+"商业模式设计实际上就是这种变化的体现。"互联网+"商业模式并不是指每个企业都需要进行线上和线下的整合。"互联网+"商业模式设计的核心是强调用户体验、用户参与，满足客户自己尚未发现的需求。这实质上是以客户为中心的商业模式设计逻辑的体现。

第一，转移企业重心。

企业重心需要转移。一开始创业的时候，企业创始人眼里只有客户，他们每天都在研究客户偏好，每天在市场上盯着客户需求的变化。到了成长阶段，公司依然重视客户的需求，但也开始重视公司自身了。但是如果公司的重心继续向关注公司自身转移，就很危险。到了成功阶段，产品在市场上占有一定的市场份额，这时很多公司开始只关心自身。企业就会出现危机，可能马上进入无利润区。

第二，调整价值链设计的逻辑和方向。

传统价值链设计的逻辑是：首先关注公司有什么资产和核心能力，然后决定公司可以提供哪些投入要素和原材料，接着决定公司能生产什么样的产品和提供什么样的服务，然后决定销售渠道是直销还是分销，最终才考虑到客户。以客户为中心的现代价值链的设计完全是反过来的：

第一步关注的就是客户有什么偏好，需求是什么；

第二步是根据客户定位来构建销售渠道，选择能够最好地满足客户需求和偏好的方式；

第三步是选择能最好地满足客户需求和偏好的产品和服务；

第四步是根据需要提供的产品和服务来确定公司的资金和原材料等投入要素；

最后才是根据投入要素来确定公司应该拥有什么关键资产和核心能力。

2. 重塑盈利模式的基本途径

以产业发展为目标的内生式增长和以投资为途径的外延式增长是重塑盈利模式的两种途径。创新产品模式、拓展产业链是重塑盈利模式、实现产业发展的具体方式。以投资方式进行收并购，增大体量和产能，是重塑盈利模式、获得更广阔的市场空间的具体方式。

（1）以内生式增长促进产业发展实现盈利

20 世纪 80 年代，中国经济逐渐复苏，随着人民生活水平的提高，市场消费需求的增加，电风扇行业也迎来了新的发展机遇，但随之而来的市场饱和也推动了企业之间的价格战。

美的开始时在电风扇的设计上仿制创新鸿运扇。与此同时，将电风扇和电机产品销售市场转向国外。1985 年 4 月，随着美的空调设备厂的成立，美的开始了窗式空调机的组装生产，而到 1991 年，其电风扇和空调业务就已经并驾齐驱，公司的资产规模也迅速扩大。

随着电风扇业务占据市场份额第一的位置，美的快速地抢占市场，但是，由于整个行业由价值流入转入价值稳定阶段，加之市场激烈的竞争，企业的利润空间也逐渐收窄，要想获得持续高额利润，就势必要从以往的"产品思维"转变到"客户思维"，致力于内生增长。正是基于此，美的在 1992 年之前，便实现了电风扇产业在国内外市场的布局和调整，也正是这一次调整，让美的在国外市场的开拓迅速积累经验并实现营收，同时也推动了其在国内市场的弯道超车，最终问鼎行业榜首，获得了显著的内生增长。

（2）以外延式增长进行投资实现盈利

1992 年，中国开始发展市场经济。对外开放力度加大，跨国企业进入国内，家电企业受到较大的冲击。面对机遇和挑战，美的积极实行外延式增长战略。

第一，美的与国外企业的战略合作。

1992 年，美的开始了与外企成立各类型合资企业的旅程。其每一次合作，都有着清晰的战略布局意图，并呈现出合资企业产品类型多元化、产业链纵向延伸、通过入股和合资逐步掌握大型家电核心部件生产能力的特点。

第二，美的横向并购国内企业。

与电风扇产业不同的是，美的空调的产能，在 20 世纪 90 年代末期，仍然停留在 80 年代，这也促使美的踏上了以国内收购方式促进外延式增长的发展之路。而在收购标的的选择上，也以区域内具有一定规模的知名企业为主，并且，产品线扩大，也让美的空调处于优势消费市场区域。

总之，根据客户需求的变化，寻找和创造利润区，以客户为中心设计盈利模式是重塑盈利模式的基本要求。基于产业和投资两种力量，在内生和外延两个方面获得增长是重塑盈利模式的具体途径。

再造企业价值：创新技术 + 并购

在当前国际国内并购市场中，以再造企业价值作为目标，引起企业家极大关注。创新技术作为企业成长的重要契机，在并购中需要首先考虑。并购与技术创新互相结合是成功企业再造价值、实现并购转型和持续成长的良好途径。

1. 企业并购转型的背景与环境

从并购事件数和并购总额看来，2013 年以来均实现了大幅增长。在全球经济衰退、国内经济结构转型的大背景下，越来越多的产业需要通过并购实现大规模整合。我国并购市场尚属于起步阶段，正经历从横向行业整合向纵向跨界融合的过程，而且以中小企业为主体的并购占比逐渐提高，同时新兴行业日益成为并购的热点。跨国并购近年来风起云涌。我国企业并购融资方式仍以现金和资产置换为主。

当前，我国并购市场处于从"物理"并购到"化学"并购的转型期，需要完成从"物理"并购即单纯买"壳"借"壳"，到"化学"并购即合理配置资源、提高行业集中度、模式创新、技术创新、升级产品转变的过程。

当前需要更加大力发展高新技术产业和创新服务业。在科技领域，近年来活跃着很多民营企业的身影，著名的有联想对 IBM（国际商业机器公司）个人电脑业务的收购整合，以及之前华为对美国信息科技公司 3Com 的并购等。中国企业需要加快海外市场的开拓和影响力的提升。因此，创新技术和并购的组合作为并购的"化学"反应对于再造企业价值意义重大。

2. 创新技术和并购组合再造企业价值

美的海外并购以谋求转型的实践，体现了并购和技术创新相组合再造企业价值、获得强大生命力的过程。美的首先通过重新整合和管理价值链，围绕客户偏好变化，在渠道和产品上进行模式创新，再通过战略投资和并购谋求转型。

（1）技术创新和并购实践

美的借助海外并购方式，谋求技术创新和商业模式变革与产业转型。开利、Clivet、东芝是著名世界品牌。其中东芝拥有深厚的技术积累，美的通过并购获得超 5 000 项专利，显著提升了美的的海外专利布局。德国 KUKA 是一家集合机器人全产业链的企业。美的通过收购 KUKA 获得先进技术，技术创新力量雄厚。

综上所述，美的将技术创新和并购互相组合，以并购为形式，以技术创新为内容，再造企业价值，实现持续增长。

（2）技术创新和并购的意义

美的坚持"引进来、走出去"的发展战略，2014年、2015年和小米、安川电机的合作属于"引进来"，2016年海外收购东芝白电、Clivet、KUKA属于"走出去"。通过"引进来、走出去"，美的不仅突破困局，而且占据了行业领先地位。

美的引入小米作为战略投资者，布局智慧家居产业，向小米学习互联网企业的模式和理念。日本安川电机是世界范围内最强的机器人制造企业，它有行业顶尖的技术优势。美的通过人力、土地和资本等优势生产要素，把安川电机的技术要素引进来，从而进入机器人产业。意大利中央空调Clivet则拥有欧洲牢固的招标渠道和政府企业大客户。技术创新和并购的意义体现在这两个方面：一方面，并购壮大自身，开拓国际市场，进行全球布局；另一方面不断引进先进技术，并进行创新性吸收，由此获得了蓬勃生机，企业价值得以再造。

总之，单纯物理意义上的并购不能再造企业价值。并购之后不仅需要各种整合，还需要技术的创新性吸收与发展进步。引进先进技术作为技术创新的开始，在并购实践中需要得到重视。基于技术创新的并购出现"化学"反应，从企业内在和外在两个方面促进价值再造，企业将会获得持续成长。

几个思考

1.要想让企业通过基因重组焕发新生，让企业值钱是其中一个非常关键的途径。结合本节内容，思考一下，在让企业值钱的几大基本条件中，目前您的企业具备哪些？

_____

_____

_____

2.在企业重塑盈利模式中，关键在于产业＋投资。对照本节内容，对您的企业进行自我诊断，目前在基本要求和基本途径中，有哪些不足和优点？

_____

_____

_____

3.结合您的企业思考，您的企业目前／未来在创新技术与并购方面，需要抓住那些机遇和关键点？

_____

_____

_____

研读笔记

价值管理持续成长

价值管理包括市值增长、管理创新、资本运作等方面，属于生态级市值管理。价值管理需要从资本运作、模式创新、管理体系建设等方面努力。从目标、团队、核心、变量、关系和模块六个方面对价值管理进行规划和设计，可以使企业经营从战略到策略的方法都具备清晰思路。显然，企业价值持续成长依靠这六个方面因素的筹划和执行（如图 3-1 所示）。

一个目标

价值增长作为上市公司和其他非上市公司的共同目标，需要长期坚持。从团队和管理、产品和技术等方面设定目标，以结果为导向，根据目标的大小与远近，进一步规划当前的资本运作和价值管理策略及方法，是企业价值增长的必经途径。

一个目标	3 年价值增长 5 倍							
两个团队	产品运营团队				资本运营团队			
三大核心	赚钱			值钱		"印钱"		
四大变量	总股本		净利润		市盈率		股价	
六大关系	政府	监管层	媒体	投资人		分析师	市场	
九个模块	战略 定位 升级	顶层 架构 设计	商业 模式 创新	收购 兼并 重组	运营 管理 优化	财务 税务 建模	股权 激励 实施	融资 系统 设计	价值 管理 维护

用户：产品价值　　　　建模、复制、上市、退出　　　　资本价值：投资人

图 3-1　上市企业价值管理规划模型图

　　上市公司设定价值持续成长的目标，用成果导向的思维来设计。首先要考虑 10 年后企业去向哪里，在什么位置，总市值目标是多少，其次是 5 年、3 年、1 年的目标规划。首先假设企业最好的状态，正如"大学之道"所提的原则："苟日新，日日新，又日新"要成就大的功业或有所建树，首先应该弘扬正确的价值观和正确的自然规律，对照目标持续改进，来规划最理想的未来。知道可能最好的结果和设定明确的目标之后，才能不急不躁，进一步细化目标，进而开始持续不断地执行计划。把各个阶段的目标确定后，从中寻找实现目标的方法和路径以及匹配的条件。对企业而言，有很多条件是可以积极创造的。

　　上市企业一定要有市值持续成长的目标体系，公司的一切管理要服从市值管理目标，市值管理的目标需要融合价值管理过程，服务于企业市值和价值增长。

两个团队

价值管理的内涵比市值管理更加丰富，也更加适应资本市场和企业发展实际情况。企业通过价值管理提升自身价值需要进行管理和资本运营方式创新。价值管理需要两个团队：聚焦于内生式增长的业务团队和聚焦于外延式增长的资本运作团队。

1. 两个团队基本职责

当前，上市企业经营难、融资难、增长难的核心原因就是缺少资本团队的专业运作。很多企业刚从"产品经营"迈向"资本经营"，只擅长业务而不懂资本情有可原，但必须建立资本运营团队。总裁和总经理是业务团队的第一责任人，产品经理、销售经理是团队核心，要巩固老业务，开发新业务；同时建立基于利润目标考核的激励机制，让核心产品、核心业务能够持续、良性地发展。董事长是资本团队的第一责任人，董秘和证券经理是资本团队业务操作的核心人员，负责融资、投资、收购、兼并，为企业未来做大做强提供资金资源的支持。同时建立市值管理的目标考核机制，让企业在未来立于不败之地。

上市企业如果纠结于没有适合的人才来执行团队管理与资本运作，其实可以用资本思维来进行企业运营。每个岗位都是一种投资，损失最大的是时间成本。公司人才一靠培养、选拔，二靠吸引、猎头。一个构架出来的"梦幻团队"也会为企业市值倍增起到积极作用。上市公司与传统企业经营不同的是，上市企业已经有一套相对完善的公司治理结构，可用机制来约束、激励相关人才。

2. 两个团队需要具备的能力

成功的资本运营离不开集团总部的整合能力。集团总部应整合资源，发挥协同管理作用。对投资和收购的企业，集团更需要利用强大的整合能力将它们纳入良性发展轨道。只有这样才能提高收购企业价值，实现资本回报最大化。

（1）强化集团品牌价值的能力

如果能从集团整体高度进行品牌规划，强化品牌管理，不仅可以提升原有业务运营水平，还易于将新投资的企业纳入集团统一的品牌管理体系中，以此通过强化品牌价值促进增量提升。

（2）挖掘和整合大型合作伙伴资源的能力

不仅集团原有企业的内生增长需要与强大的合作伙伴联合，而且实现对外投资收购更需要合作伙伴。集团总部需要为建立新业务和发展已有业务找到强有力的合作伙伴，增强整合能力。

（3）建立下属企业无法获得的融资能力

集团总部如果能建立强大的融资保证，集团总部的投融资部门应致力于建立良好的银企关系、畅通的资本市场通道，并在集团规模足够大的时候建立财务公司，从组织和机制上保证融资能力的提高。这样可以帮助下属企业解决融资问题，支持资本运营，有利于整合，实现增长。

（4）挖掘人才和培养人才的能力

整合集团下属企业的职能，统一进行人才挖掘和培养，可以降低成本，发挥集团的协同效应。集团一方面帮助下属企业提高人才素质，另一方面通过人才培养建设和传播集团文化，实现人的认同，以此提升整体运营能力，促进增长。

总之，业务团队和资本运作团队分别承担内生增长和外延增长职责。与此同时，内生增长和外延增长互相依赖，两个团队的职责虽然不同，但是具有共同的能力要求，也可以相互融合，共同促进企业价值增长。

三大核心

经过研究数百个价值管理的案例后，可以总结出价值管理三大核心，分别是赚钱、值钱和"印钱"。赚钱是值钱的基础，而赚钱和值钱是"印钱"的条件。它们内在的逻辑关系（如图 3-2 所示）。

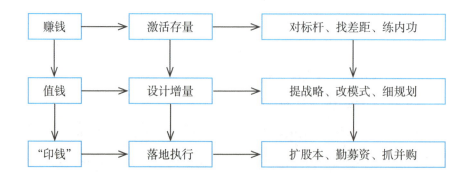

图 3-2　企业价值管理三大核心关系图

1. 赚钱

处于初创期的企业一般采取赚钱的策略。赚钱就是将 10-8=2，变成 11-7=4。如果经营不善，一不小心，这道数学题变成了 10-13=-3，企业就是在亏损，不仅不能为企业成长与发展造血，还会因为失血而亡。

10 和 11 是收入，8、7、13 是料、工、机、费、税。2 和 4 是利润，而 –3 是负利润。只有当 2 变成 4，对于初创期企业来说，才是成功的赚钱模式（如图 3–3 所示）。

图 3–3　企业赚钱模式示意图

赚钱的经营策略激活存量，基于这一种思维模式。成功之道是对标杆，找差距、练内功，服务好老客户，吸引新客户，为企业获得现实利益，在短期内可以解决企业生存问题。

2. 值钱

赚钱的企业不等于值钱。值钱一定是设计增量，提高战略能力，改模式，做长远的细致规划。容易值钱的企业包括：垄断、独角兽、连锁品牌、平台服务企业，以及无形资产含量高、可标准化复制但门槛高、可自我繁殖并迅速扩张市场的企业。这些企业可能暂时不赚钱但能值钱。

值钱的企业往往能够在今天看到明天的价值。在外生变量上采取措施实现增值。在取与舍方面，可以用嫁女的彩礼娶媳妇，在股与债之间相互转换，利用化重为轻的手段进行资产优化，采取欲擒故纵、合纵连横的并购路径与策略。利用基因重组使企业值钱是价值管理的目标。其中，需要让公司股票更值钱、用期望值凝聚更多资源，同时需要利用并购基金让公司股权更值钱。从理论上需要认识到让企业值钱的思维方式，从实践上采取并购重组手段，对于企业值钱的目标实现意义重大。

3. 印钱

相对于赚钱、值钱的企业战略，"印钱"就是落地执行，扩股本、勤募资，抓并购。上市公司可以进行战略性股权代持，支持大股东解围；资产重组，优化企业资产结构；进行再融资，充分发挥融资功能；主动与监管部门、媒体、投资者沟通进行财经公关。上市公司可以利用这些价值管理手段，形成良性生态，实现持续价值成长，实现上市公司"印钱"目标。

其中，资产重组是通过资产优化，使上市公司轻装上阵、焕发活力的方式。通过对产业未来的预判，选择高价值成长的板块发力，置出劣质资产变现，并入优质资产增值，优化成长和利润结构。理论上认为，价值管理由价值发现、价值经营、价值实现构成，因此，"印钱"策略中的资产重组、并购基金利用、再融资等一起构成基于价值管理的企业经营方式。

四大变量

虽说"价值管理就是管理公司的一切"，但企业需要把和市值相关的所有重要因素都进行有效地管理。在主营业务上下功夫，保证主营业务持续盈利、利润持续增长；在其他业务收入上开源；找到好的标的公司收购，实现竞争优势进一步增强。

市值的两大公式：

市值 = 股份 × 股价

市值 = 净利润 × 市盈率

如上述公式所示，影响"市值"关键的"四大变量"分别是股份、股价、净利润、市盈率。企业价值管理的目标、出发点就是为了让这四个指标最优化或最大化。

1. 股份是关键变量之一

股份是上市公司章程确定的，代表股东所有权的股本总额，这是公司股东权益构成的最重要部分之一，包括普通股和优先股。股份随着送股、配股和增发而变化；在股价相对不变的情形下，市值高低取决于股份总额大小。

首先，上市公司利用利润或公积金送（转）股是股本扩张的重要手段。股份增加了，业绩若不能同步增加，每股收益减少了，进而会影响股价，从而直接影响上市公司的市值。

其次，股本过小会造成流动性不足。从新三板做市商制度来说，假设股本是"货"，券商是股份最大的批发商，一般投资机构是股份的小批发，个人投资人类似个人终端用户。一般挂牌企业往往会受制于券商，券商类似全国总代，大量股份的购置会让企业在定价权上丧失主动，所以"代理权"不能只给一家企业，要给多家企业。

再次，股份管理的方式和手段，如送红股、配股、增发、减持、管理层股权激励以及并购等，须统筹规划和设计。增发股份的目的是融资，要充分利用股市周期特点，在股本有序扩张的背景下，以合适的增发额度获得较低成本的、更多的融资；充分利用股市周期特点，在符合法规规定的前提下，在合适的"时机"和"点位"增持和减持，以维护公司的合理市值；管理层的股权激励方案与业绩增长挂钩，其行权持续的业绩增长和股价统筹设计，均是股份管理策略中需要重点考虑的方面。

2. 股价是关键变量之二

市值管理等于股价管理吗？从公式看，市值 = 股份 × 股价。股本相对不变（挂牌公司股本总额在一定期时期内是相对稳定和不变的）时，股价高低直接影响市值大小。所以，从这个意义上讲，股价管理和维护是市值管理的重要环节，但股价管理与股价操纵完全不可同日而语。市值管理是挂牌公司的长期的常态化的战略管理行为，而非短期的推高股价的工具和手段。

首先，做好公司"基本面"，通过构建使公司市值持续成长的模式、系统和团队，从而使公司稳定持续地盈利，是"维护股价"的最基本和最重要的方法。

其次，股价受企业利润水平、利润增幅、市场周期、投资者关系、媒体信息披露以及股市周期和外部环境的影响。

最后，股价是挂牌公司内部价值在市场上的外在反映，股价高低是影响市值大小的重要因素，但市值管理不等于"维护股价"。

3. 净利润是关键变量之三

净利润管理是市值管理最重要的视角之一，因为净利润是公司内生因素，是挂牌公司可以自我管理和控制的因素；而市盈率由于不同行业和周期不同，差距极大。我们从公式看，市值 = 净利润 × 市盈率，在既定的市盈率水平下，净利润越高，市值就越大。紧盯公司核心业务并适时运用并购手段，持续提高挂牌公司长期稳定的净利润水平，是挂牌公司中长期市值管理战略设计的重要环节。

净利润管理的两大核心战略是稳定持续提高核心业务盈利水平和并购重组。高利润＝高市值；从资本市场角度看，换个角度同样成立：高市值＝高利润。因为挂牌公司可以更低的成本发行股份融资进行并购，就是市场所说的"买利润"。从一定意义上说，并购重组是市值管理中净利润管理最为有效、直接、立竿见影的方法。

基于净利润水平持续提高和净利润最大化，持续创新公司的商业模式；持续完善和提升公司的"自运营"系统；打造可以熟练掌握运营系统、实现创新商业模式的"核心团队"，进而全面提升公司治理水平，是净利润管理的基础"课题"和基本"策略"。

影响公司净利润的因素有主营业务收入、主营利润、并购重组、营业收入增长、三项费用等。与市值管理相关的指标是：主营利润同比增长、稳定的增长预期；并购重组规划以及利润规划；三项费用结构以及提质增效计划。特别要强调的是，很多时候，公司三项费用的比例和结构与同行业或细分行业同类挂牌公司存在很大的差异，进而导致市盈率差别巨大，若干三项费用占销售收入比例明显高于同行业水平，则内部管理需要提质增效的空间很大。

4. 市盈率是关键变量之四

从公式看，市值＝净利润×市盈率。市盈率，通常大家谈论最多的是"PE"（但此PE非彼"PE"）的数值，即每股收益与股价之比。上市公司即使每季度公布一次财报数据，每股收益在一定时间内（如3个月内）是不变的，股价也每天都在变化，因此市盈率每天不同。

公司当期的盈利状况与股价的比即为静态市盈率；若以一定时期内业绩预测即利润作为计算市盈率的基础，如 1 季度时按照半年度预测的业绩为标准计算市盈率，则为动态市盈率。企业处在不同的发展阶段，从事不同的行业，商业模式及盈利模式不同，各行业即使是同一细分行业，各上市公司市盈率也有很大不同。

上市公司规划和追求"绿色市盈率"，即一定时期内的"合理市盈率"。市盈率不是越高越好，当然也不是越低越好。通过数据分析和应用系统将标的企业的市盈率与细分行业标杆企业作比较，参考"细分行业平均市盈率"，可以为标的企业提供"绿色市盈率"规划方案，看到在同一个细分行业的上市公司数量及相关数据。市盈率是一个公司未来利润在"当期"在资本市场的"折现率"。上市公司如果有 50 倍的市盈率，是说可把未来 50 年才能挣到的钱拿到"今天"来用。这需要一个上市公司有多么好的信用、多么好的商业模式和多么好的战略及团队才可能实现呢？在增发、并购、增持减持及回购操作时，选择和确定合理的市盈率对于顺利实施方案意义重大。

"增发"与市盈率管理（市值管理）的关系。增发，有公开增发和定向增发。"储架发行制度"、优先股制度都为公司通过"增发"，特别是"定向增发"，以协议定价而非公开竞价进行更加市场化的"并购"，提供了非常方便和低成本的工具和手段。公司可以通过定向增发方式吸收战略投资者，通过定向增发方式购买（整合）上下游产业链高价值的项目和公司，使其资本市场的资源配置功能充分发挥出来；若能与企业的做市商制度有效配合，挖掘做市商背后的资产、项目和资金资源，则对于构架公司持续高成长、高盈利和市值持续成长意义非凡。

价值管理需要企业关注产业和资本两个市场。产业市场需要企业家关注产业的整体规划，在企业的核心能力、商业模式创新上，重视企业科学的盈利财务模型建立、核心团队的组建，重点在于围绕持续创利的能力，根据企业产业规划目标，进行适当并购、重组。

资本市场总是呈周期性波动，表现出显著的主题和热点兴衰，要有这样的心态——"不可以左右，但可以利用；应该利用，必须利用；波动幅度越大，利用价值越高，利用难度越大"，努力把经济周期、股市周期、产业周期与公司盈利周期四重叠合。而且管理层和董、监、高会拼命把业绩做好，这是应对股市周期的很好的工具。

价值管理需要建立一套机制，包括内部机制与外部机制。企业内部成长机制就是为了让利润得到持续增长的一种机制，这是一个阶梯。对于新三板的挂牌企业和其他上市公司而言，首先需要保证收入持续增长，保证利润持续增长，让股东权益得到增长，继而推动股价上升、市值持续上升。其次需要通过并购重组让权益增长，实现股价上升、市值持续上升。相对于未挂牌的中小企业，新三板企业的一个突出优势就是具备直接融资能力和股票市值。积极有效的对外投资和并购重组，可以促进企业的外延式增长。新三板企业和上市公司可以通过发行股份对价，收购具有产业协同性的上下游企业，也可以通过定向增发募集资金，进行参股或控股投资。通过有效的资本运作，挂牌企业可以快速组织产业资源，形成规模优势和产业壁垒，实现经营和资本双轮驱动下的快速成长。

总之，上市企业和准上市企业需要把握好四个方面的关键变量，即股份、股价、净利润和市盈率。用好送红股、配股、增发、减持、管理层股权激励以及并购等手段，有助于市值管理；要统筹规划和设计做好公司"基本面"，通过构建使公司市值持续成长的模式、系统和团队，从而使公司稳定持续地盈利，有助于市值管理；并购重组是市值管理中净利润管理最有效、直接、立竿见影的方法；要建立一套机制，包括内部机制与外部机制，通过这些管理方法，实现比单纯市值管理更高层次的持续成长的企业价值管理目标。

六大关系

上市公司分别与当地政府、监管机构、媒体、投资人、分析师和市场构成六种关系。上市公司需要利用政府招商引资、产业整合机遇促进增长，从而带动地方产业集聚与发展。监管机构需要改善监管制度体系，以利于上市公司获得良好经营环境。上市公司需要充分利用媒体的力量解决问题，提升形象，获得资本市场青睐。上市公司需要多渠道、多层次地与投资者进行沟通，沟通方式应尽可能便捷、有效。上市公司需要利用分析师的专业视角与判断进行更好的资本规划与价值管理。上市公司正确处理与市场的关系，有利于市值提升和价值增长。

1. 上市公司与当地政府

随着经济形势的发展变化，当地政府致力于进行产业整合，聚焦上市公司所属产业的全面整合，并且进行招商引资，以上市公司并购基金为基础，扩大招商力度，以此实现结构调整，去产能，优化产业结构，提高区域核心竞争力。

在经济结构转型的过程中，上市公司成为经济的中坚力量。资本市场二十年来，为企业提供了源源不断的资金支持，培育造就了一批在全国有影响力的行业龙头企业，带动了地方和区域经济发展。多层次资本市场在促进地方经济发展中发挥了重要作用。

在这一背景下，地方政府抓住了近年来资本市场快速发展机遇，推动企业上市和直接融资，实现了资本市场超常规、跨越性发展，资本市场服务地方经济发展的广度和深度加大，作用明显。

把实体经济与资本市场有机结合，依托上市骨干企业，带动地方产业发展，已成为地方政府"借力"上市公司带动地方产业发展、促进产业集中、优化产业结构的途径。

2. 上市公司与监管机构

上市公司是证券市场的基石，上市公司在证券市场乃至整个国民经济中都处于十分重要的地位，与此同时，上市公司监管十分重要。上市公司监管分为内部监管和外部监管，前者体现为上市公司股东会、监事会的监督，后者体现为政府及其监管部门、证券业自律组织、中介机构、独立董事、新闻媒体、司法部门、中小投资者等对上市公司行为的管理。

（1）上市公司监管的目标和重心

上市公司监管的直接目标是规范上市公司的行为，确保其依照相关的法律法规履行公众利益实体应尽的义务。上市公司监管的根本目的是保护投资者利益、实现效率与公平、减少系统风险、促进国民经济的发展。上市公司监管应该同时加强强制信息批露制度、公司治理制度和进入与退出制度。

（2）证监会窗口指导意见

2018 年 5 月间，证监会向一些基金公司下发窗口指导意见，要求普通开放式基金单一投资者持有基金份额的比例不能超过 30%（包括 30%），否则无法备案成立。证监会的窗口指导意见会不定期发布，需要上市公司以及投资方明确，及时关注，按照指导意见规定处理经营和投资事务，并调整自身经营和投资部署。这将有利于自身规避合规风险。

（3）上市企业与监管部门充分沟通

做任何重大决策之前必须先对照监管机构的窗口意见，对不确定条款要及时问询监管机构。

3. 上市公司与媒体

上市公司应当及时披露信息，宣传推介企业经营亮点，管理者需要善于与媒体沟通，利用路演及各类新闻发布会以便在媒体面前树立自身良好形象。

上市公司媒体关系管理的理念应是：媒体不是威胁，而是机会。企业应和媒体建立稳固、友好的双方关系，真诚回复媒体的询问。公司可以安排媒体见面会，也可以安排媒体对企业管理者进行访谈。公司要以实事求是、开诚布公的态度阐明公司的投资策略，消除误解、驳斥谣言，促使投资者对公司产生正面、良好的看法。

上市公司还应当建立起危机防御体系，当业绩变化、并购失败、财产损失、质量事故等问题发生，股价突然下跌时，公司应及时启动危机防御体系，第一时间向媒体解释，和投资者沟通，让投资者理解上市公司暂时的困难，展示企业未来前景，树立公众的信心。只有快速反应，真诚表态，才能赢得投资者信任，使企业化"危"为"机"。同时，公司也可以借助主管部门、行业协会、学术机构、专业人士等第三方的力量，实现形象改善和提升，获得投资者信任。

4. 上市公司与投资人

2005 年 7 月 11 日，中国证监会为规范投资者关系工作行为，保护投资者特别是社会公众投资者的合法权益，制订了《上市公司与投资者关系指引》。

该《指引》的目标是加强上市公司与投资者之间的信息沟通，完善公司治理结构，切实保护投资者特别是社会公众投资者的合法权益。投资者关系工作中公司与投资者沟通的内容主要包括：公司的发展战略；法定信息披露及其说明；公司依法可以披露的经营管理信息；公司依法可以披露的重大事项；企业文化建设等。

上市公司需要多渠道、多层次地与投资者进行沟通，沟通方式应尽可能便捷、有效。投资者关系工作主要有以下职责：

一是分析研究。统计分析投资者和潜在投资者的数量、构成及变动情况；持续关注投资者及媒体的意见、建议和报道等各类信息并及时反馈给公司董事会及管理层。

二是沟通与联络。整合投资者所需信息并予以发布；举办分析师说明会等会议及路演活动；接受分析师、投资者和媒体的咨询；接待投资者来访，与机构投资者及中小投资者经常保持联络，提高投资者对公司的参与度。

5. 上市公司与分析师

上市公司合理利用分析师对市场的分析判断结果，作出有利于自身成长的规划与改变，这是上市公司利用外部力量增强自身成长的举措。分析师在市场判断中与上市公司管理层具有不同视角和专业背景，需要充分利用。

上市公司是分析师重要的研究对象，分析师必须随时跟踪、掌握上市公司经营动态，预测发展前景，才有可能提供一份全面、客观的分析报告，并提出有前瞻性的投资建议。分析师则是上市公司向投资者传递信息的重要渠道，虽然上市公司可以通过投放形象广告、举办路演推荐会等方式来提升自己的知名度，加强与投资者的沟通，但其投资价值仍需要借助独立第三方分析师的报告，才有可能被投资者认可。两者相互依存，互为因果。

分析师具备必要的专业知识，通过平时的交流，在上市公司面前树立自己专业、敬业的形象，并且站在上市公司的角度，为它们的发展出谋划策，成为上市公司的朋友。在这种情况下，上市公司需要把分析师当成一个平等对话的对象，促进双方关系的和谐融洽，以此获得更多的市场信息和前瞻性判断。

6. 上市公司与市场

（1）资本市场

市场价值指的是企业整体出售可能取得的价格，也就是所谓的市值。因为实际的资本市场并不可能是完全有效的，所以企业的内在价值与市场价值会不相等。企业家需要使内在价值尽可能地等于或大于市场价值。

投资者寻找市场价值小于内在价值的企业，以便买入公司股票。当公司市场价值高于内在价值时，就出售股票。作为融资者的企业创始人希望市场价值高于内在价值。这就需要提高公司的市场溢价，可以通过商业模式创新、公司治理优化、投资者关系管理等途径提升公司股票的溢价能力。面对资本市场，企业创始人需要尝试把企业当成产品进行交易，追求企业内在价值最大化，并追求尽可能高的市场溢价。

总之，上市公司分别与政府、监管机构、媒体、投资人、分析师等社会组织、机构、个人以及与市场构成六大关系，这些关系涵盖宏观与微观各个层面。正确处理这些关系是上市公司进行资本规划与价值管理，改善经营提升市值的要求。社会机构或组织要致力于改善上市公司经营环境。上市公司在充分利用市场和资本优势的基础上，借力良好宏观环境，将会对当前整体经济转型产生重要作用。

（2）产品市场

随时关注客户需求的变化，关注同业竞争的变化，协调好同行业直接、间接对手的关系。

九个模块

价值管理包括市值增长、管理创新、资本运作等方面，属于生态级市值管理。从战略定位到顶层架构设计、商业模式创新、收购并购重组、运营管理优化、财富税务建模、股权激励、融资系统设计和市值管理与维护，体现了企业经营发展的宏观和微观各个层面的组织和规划。九个模块共同构成企业经营的必备要素，致力于这些方面的改进、创新对于上市公司持续价值增长和非上市公司持续成长获得资本青睐意义重大。

1. 战略定位升级

决定企业成败的关键因素是战略定位、战略选择与战略执行的能力。曾有专家这样定义战略："为确立企业的根本长期目标并为实现目标而采取必需的行动序列和资源配置。"可以认为战略管理包括战略定位、战略选择、战略执行与评估等几个环节。

商业模式与战略之间的联系是：价值主张相当于战略定位；盈利公式说的是竞争优势的来源；关键资源和主要过程说的是战略实施的必要条件。商业模式的创新，本身具有战略意义。商业模式与战略之间的区别是：商业模式比战略适用范围更广，属于更加基础性的分析层次。同一种战略可以应用到不同的商业模式；同一种商业模式下，也可以采用不同的战略。商业模式容易模仿和复制，但战略背后的独特资源和能力稀缺是不易复制的。

企业的战略包括公司层面战略、分部层面战略与职能战略。公司层面的战略主要指通过选取和管理一系列不同的业务赢得在不同产品市场上的竞争优势的行为，它为公司的发展确定方向和路径。业务战略通常发生在事业部或产品层次上，强调公司产品或服务在特定行业或细分市场中竞争地位的提高，主要分为"竞争战略"与"合作战略"两大类。职能战略是业务战略的具体化，包括人力资源战略、财务战略、研发战略、营销战略、生产战略等，它们通过最大化运用资源来实现企业集团或事业部的目标和战略。

除了要进行行业分析、商业模式分析，还必须进行战略分析，了解该企业公司层面的战略、分部层面的战略，以及具体的职能战略。

2. 顶层架构设计

据统计，中国的集团公司平均寿命只有 7 — 8 年，中小企业的平均寿命更短，只有 2.9 年。中国的企业中，每一天有 1.2 万家倒闭，每一分钟有近 10 家企业关门。日本、欧洲的小微企业生命周期达到 12 年，美国达到 8 年多，而中国不到 3 年，其很大程度上是因为公司股权架构出现了问题。合理设计公司股权架构的意义在于以下几个方面：

（1）**解决控制权之争**

企业创始人要控制公司，最简单、直接、有效的办法是控股。创始人可以通过投票权委托、一致行动人协议、有限合伙、AB 股计划等实现对公司的控制。股权结构的合理设计奠定了公司发展的基础。

（2）**避免公司法股权制度的缺陷**

知识资本、资源资本已成为决定公司命运的最重要资本。在"资本雇佣劳动"走向"劳动雇佣资本"转变的时代，"资源股"和"人力股"已成为一个公司不可或缺的一部分。融人、融智、融财、融资的客观需要，要求股权必须适应并实现这一变化。

（3）**转变企业融资手段**

未来 10 年，以新实业、新消费、新金融、新城镇化为代表的四种新动力将引领经济增长。公司股权架构是否合理是股权投资者首先考量的问题。合理设计公司股权，是企业股权融资的必要条件，也是企业在我国新经济形态中转变融资的重要手段。

（4）适应公司传统治理中家族财富代际传承、婚姻关系变动等现实需要

提前对公司股权架构设计，可以将公司分拆成不同的板块和不同的子公司。这样未来可以在多名子女中再灵活安排股权传承。

顶层设计需要按照"以终为始"的原则，进行五个关键要素的设计：

一是前瞻性预判。顶层设计首先要做的就是把未来 5 年企业面临的外部环境和各种挑战用通俗易懂的语言描述清楚，让大家明白企业面临什么样的机会与挑战，如何做才能把握住机会，做到从"后知后觉"到"先知先觉"。

二是从后往前看。有了前瞻性的预判，顶层设计接下来要做的就是把终极目标描述清楚，形成一幅令人向往的画面，让大家看清未来。

三是系统化思考。有了清晰的终极目标，接下来就是系统地思考要实现终极目标，哪些要素是充分条件，哪些要素是必要条件。

四是方法论支撑。唯有把系统性的思考上升到理论的高度，企业才可以重复成功的模式和做法。方法论支撑包括企业战略规划、产品创新体系、产品研发体系、商业模式设计等。

五是数据化分析。企业要想成为行业中的佼佼者，必须形成一套科学的决策机制和运营管控体系，学会用量化的语言去沟通、分析和决策，进行精细化管理。

做好顶层架构设计，核心是要纳入成功的基因，为新技术、新关系、新投资人预留好进出通道。

3. 商业模式创新

战略是宏观的，商业模式是微观的。商业模式设计需要处理诸多利益关系。

努力发现商机，发现过去没有的交易和盈利方式，是商业模式创新的途径。

（1）商业模式的本质

好的商业模式一般有以下两个特征：企业自身很强大，企业具备可持续盈利的能力；与企业合作的利益相关方实力都很强。同时，商业模式的创新会带来两个结果：增长速度会更快；能把原来旧模式里的利益相关方都吸引到新模式里。

因此，商业模式就是通过设计企业与利益相关方的交易结构，实现价值提升、成本节约、增长加速三个目标。商业模式创新不是为了创新而创新，而是为了促进企业发展和升级。

（2）商业模式创新路径

从旧有模式向新模式转变中，一般是为了实现价值提升、成本节约、增长加速这几个目标。同时，任何企业的变化不止是自己企业的变化，还要带动一群合作伙伴的变化。商业模式变革主要涉及交易结构的两个问题：跟谁交易（交易主体）？交易什么（交易内容）？改变利益相关方和交易内容属于商业模式创新的路径。

不只是研究自己企业的商业模式，还要研究别的企业的商业模式，这样有可能产生新的价值。越是传统的行业，越有机会实现迭代。这主要通过消费升级、资本推动、技术变革实现。因此商业模式创新可以从这三个方面寻找路径。

4. 收购兼并重组

并购活动是在一定的财产权利制度和企业制度条件下进行的。在并购过程中，某一或某一部分权利主体通过出让所拥有的对企业的控制权而获得相应的利益，另一部分权利主体则通过付出一定代价而获取这部分控制权。企业并购的过程实质上是企业权利主体不断变换的过程。

（1）并购的动因

产生并购行为最基本的动机就是寻求企业的发展。寻求扩张的企业面临着内部扩张和通过并购发展两种选择。内部扩张可能是一个缓慢而不确定的过程，通过并购发展则要迅速得多，尽管它会带来自身的不确定性。并购的动因归纳起来主要有以下几类。

第一，扩大生产经营规模，降低成本费用。

通过并购，企业规模得到扩大，能够形成有效的规模效应。规模效应能够带来资源的充分利用和充分整合，降低总成本。

第二，提高市场份额，提升行业战略地位。

规模大的企业，伴随生产力的提高、销售网络的完善，市场份额将会有比较大的提高，从而确立自身在行业中的领导地位。

第三，取得充足廉价的生产原料和劳动力，增强企业的竞争力。

通过并购实现企业的规模扩大，能够大大增强企业的谈判能力，从而为企业获得廉价的生产资料提供可能。同时，高效的管理、人力资源的充分利用有助于企业降低劳动力成本，从而提高企业的整体竞争力。

第四，实施品牌经营战略，提高企业的知名度，以获取超额利润。

品牌是价值的动力，同样的产品具有同样的质量，名牌产品的价值远远高于普通产品。并购能够有效提高品牌知名度，提高企业产品的附加值，获得更多的利润。

第五，通过并购取得先进的生产技术、管理经验、经营网络、专业人才等资源。

并购活动收购的不仅是企业的资产，而且获得了被收购企业的人力资源、管理资源、技术资源、销售资源等。这些都有助于企业整体竞争力的提高。

第六，通过收购跨入新的行业，实施多元化战略，分散投资风险。

随着市场竞争的加剧，企业通过对其他行业的投资，不仅能有效扩充企业的经营范围，获取更广泛的市场和更大利润，而且能够分散因本行业激烈竞争带来的风险。

总之，并购的目的是使企业利润增长、效率提升、竞争壁垒不断提高。

（2）并购的类型

根据并购的不同功能或根据并购涉及的产业组织特征，可以将并购分为三种基本类型。

一是横向并购。横向并购的基本特征是企业在国际范围内的横向一体化。

二是纵向并购。纵向并购的基本特征是企业在市场整体范围内的纵向一体化。

三是混合并购。混合并购是发生在不同行业企业之间的并购。

在面临激烈竞争的情况下，我国各行各业的企业都不同程度地想到多元化，混合并购就是多元化的一个重要方法。这为企业进入其他行业提供了便捷、低风险的途径。

（3）并购评价及其应用

并购成功标准因人而异。对主并方，能实现其发展战略、提高其核心竞争力和有效市场份额的并购就是成功的。由于主并方的目标是多元化、分时期和分层次的，只要当时符合自己的并购标准、符合天时地利人和的并购就是成功并购。

并购要想成功，天时、地利、人和三者缺一不可。天时即国家政策、经济形势、市场需求和竞争情况、产业发展趋势等；地利即地理人文环境、开放度、区域经济布局、当地政策、各种资源供应等；人和即双方管理层的共识和信任关系、双方与当地政府的关系、双方企业文化融合程度、双方人力资源的趋同性与互补性等。

对并购的评价应将并购的目的与结果相比较进行，只要结果符合主体当时的并购目的，就可认为并购成功。

5. 运营管理优化

成功的企业 = 市场 + 人才 + 管理。因此，企业家都需要认识到，企业管理对一个企业的发展壮大具有决定作用。

（1）优化经营管理

股份制企业实行董事会领导下的总经理负责制，并将责权利、企业的风险和个人效益相结合。在经营方面做到制度与措施相结合，比如开展业务需要详细的调研报告，需要进行包括市场分析、项目开发、市场开拓、风险防范等环节的规范化管理。

（2）优化财务管理

一个企业要稳定发展，需要注重企业的财务管理，这是企业成熟的必然趋势。因此企业管理要强化财务意识，提高企业管理层财务知识。公司要不断完善财务管理制度。财务管理制度化有助于提高市场的竞争力。财务管理的重中之重是执行、控制、反馈。因此，保持健康稳定、促进企业发展壮大是财务管理优化的目标。

6. 财务税务建模

建立一个公司的财务模型是进行现金流分析估值的基础。一个完整的企业财务模型包括三张表：利润表、资产负债表、现金流量表。通过对模型参数的调整，可以对企业的各种运营状况进行研究，从而对现金流和估值有深入的分析。在建立模型前，首先要取得至少过去 5 年的财务数据，以便根据历史数据设定对未来的假设。

（1）利润表

利润表更多的是给现金流量表和资产负债表提供输入。为了建立利润表，必须对影响利润表的一系列因素进行假设（如图 3-4 所示）。

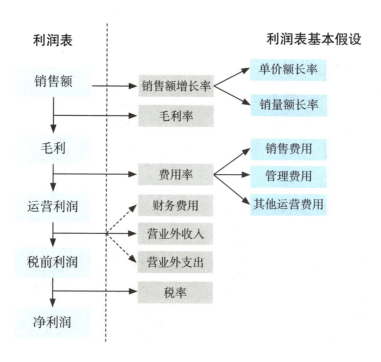

图 3-4　企业利润表

在所有的假设中，销售额增长率是最为关键的一个，因为很多的其他参数的假设都是基于销售额的一个比例而来。但是，在利润表上，有一个重要的质量监控指标，这就是运营杠杆。一般来讲，一个公司的运营杠杆相对固定。

如果预测未来公司的各项数字，发现运营杠杆与历史相比有重大变化，这时候就要重新检查各种假设，看是不是有不合理的地方。

利润表上另外一个重要的质量监控指标就是净利润增长率与 ROE（净资产收益率）的关系。如果净利润增长远远超过历史平均 ROE 水平，那么这个公司一定有重大改变，比如增发或借贷，或者盈利能力大幅度提高。

（2）资产负债表

资产负债表相对比较复杂，与利润表和现金流量表都有紧密的内在联系。图 3-5 是企业资产负债表的内容。

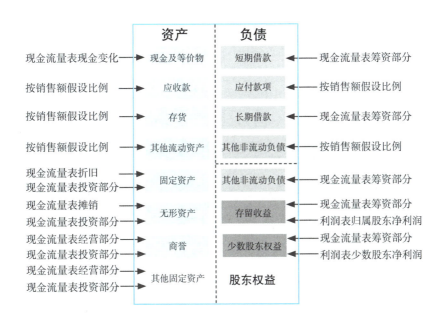

图 3-5　企业资产负债表

（3）现金流量表

资产负债表中现金部分来自现金流量表。借款部分来自现金流量表的筹资部分。固定资产及无形资产与现金流量表的经营现金流和投资现金流都有关系。股东权益也与现金流量表的筹资部分紧密相连。总之，资产负债表反映的是公司某一个时间点的状态，而现金流量表就是资产负债表的变化记录。图 3-6 是企业现金流量表的内容：

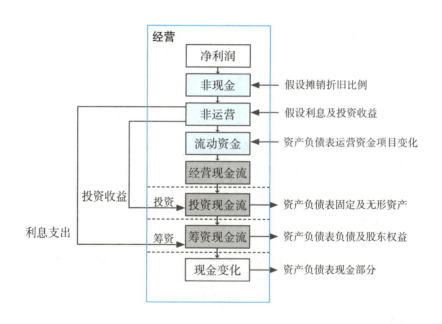

图 3-6　企业现金流量表

对于现金流量表，一个重要的质量控制指标就是资产周转率。一个公司的资产周转率会随着公司的发展不断变化。但是，一个行业内相似企业的资产周转率是类似的。另外一个重要的质量控制指标就是财务杠杆。一般来讲，一个企业的财务杠杆不能无限提高，否则就有倒闭的风险。如果模型算出来的未来财务杠杆显著高于历史平均水平，那么一定要检查相关的假设。

三张报表联系在一起形成了一个完整的企业财务模型。用这个模型，企业可以进行几乎所有的估值。图 3-7 显示了财务模型的内容：

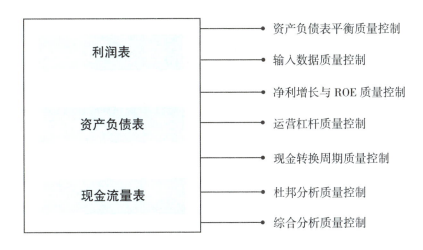

图 3-7　企业财务模型

（4）**税务**

《中华人民共和国个人所得税法》《税务检查证管理办法》《国税地税征管体制改革方案》《会计人员管理办法》于 2019 年 1 月 1 日起施行。根据新修订的税法，国家税务总局为落实国税地税征管体制改革工作要求，加强税务检查证管理，规范税务执法行为，同时启用新的税务检查证。社会保险费交由税务部门统一征收，将基本养老保险费、基本医疗保险费、失业保险费、工伤保险费、生育保险费等各项社会保险费交由税务部门统一征收。按照便民、高效的原则，合理确定非税收入征管职责划转到税务部门的范围，对依法保留、适宜划转的非税收入项目成熟一批划转一批，逐步推进。

国家税务总局近期发布《重大税收违法失信案件信息公布办法》，自2019年1月1日起施行。该《办法》修改了逃避追缴欠税标准，将逃避追缴欠税纳入重大税收违法失信案件的标准由"欠缴税款金额100万元以上的"修改为"欠缴税款金额10万元以上的"。这意味着，欠缴税款列入"黑名单"的起点由100万元降至10万元。

上市企业需要"立规矩、讲规矩、守规矩"。在自身产业经营领域内，在税务方面遵守规定，规范运作，有利于规避违法造成的损失，有助于企业实现持续成长。

7. 股权激励设计

股权激励制度作为一种中长期的激励制度，有着绩效奖励等传统激励手法难以达到的效果。具体来说股权激励的优势有：吸引、激励和留住人才；绑定老板和员工的利益，整合上下游、共担风险、共享收益、共同发展；让公司的发展目标成为员工的个人发展目标，推动企业全速发展；对一些创业期的公司来说，前期现金流压力较大，通过股权激励给予员工未来收益的预期，从而减少现金流的支出。

对于激励对象确定，每个公司都不尽相同，这部分的关键设计者是公司的经营管理者和人力资源部门。持股5%以上的主要股东或实际控制人原则上不得成为激励对象，除非经股东大会表决通过。持股5%以上的主要股东或实际控制人的配偶及直系近亲属若符合激励对象的条件，可以成为激励对象。激励对象不能同时参加两个或两个以上上市公司的股权激励计划。另外，监事、独立董事不能成为激励对象。

激励工具主要有以下几种：

一是直接入股，指激励对象按一定价格购买一定数量的公司股份，员工通过持股分享股东利益；

二是股票期权，指激励对象获授在未来一定时期内以预先确定的价格和条件购买本公司一定数量股票的权利，员工获得股票增值部分的收益，或在行权后分享股东利益；

三是限制性股票，指激励对象获授一定数量的公司股票，只有工作年限或业绩目标符合规定条件，限制性股票才能实际归属至激励对象名下，使其从中获益；

四是股票增值权，指激励对象获授一定数量的权利，该权利可以获得公司股票在某段时间内的增值价值，该模式与股票期权的区别在于股票期权在行权后可以拥有股票，而股票增值权行权后可获得增值部分的现金；

五是虚拟股票，指公司向激励对象授予的与公司真实股权对应(虚拟股票)单位，单位的持有者可以在一定时期以后获得与其对应的真实股权的全部价值，包括增值权、分红收益；

六是业绩奖金，指绩效单位的价值是以现金标价授予的，并且奖金通常根据一段指定的时期内预先设定的绩效目标的完成情况来发放。如果没有满足最低绩效标准，绩效单位会被没收；

七是其他现金计划，如利润分享计划、长期奖金库计划。直接入股激励最为直接，是指直接成为股东。

股权激励的特别之处在于综合性和复杂性，涉及资本规划、财务税务规则、法律监管要求，而在股权激励设计初期，就需要考虑到这些方面，而且需要认识到股权激励的本质是激励。

8. 上市公司融资系统设计

融资系统包括产融结合的多股权投资、股份回购与增减持、再融资、股权质押融资、并购重组、资产证券化、金融衍生品等。利用这些融资方式建立融资系统，将有助于上市公司实现持续成长。

在资本市场上的产融结合是以提高股权资产收益和做大市值为目的，以上市公司为平台，打造以金融控股平台为核心的多元化布局。这是产融结合多股权投资的市值管理。

市值维护需要保证市值不被低估，减少二级市场的剧烈波动。具体的做法包括股份回购、控股股东的增持和减持。

再融资是公司 IPO 之后重要的融资渠道，再融资的效益和成本直接决定了公司上市后能否在产融结合这条路上可持续健康地发展。再融资是在证券市场上进行的直接融资。

股权质押融资指的是公司股东在不让渡或暂时让渡股票所有权的情况下，将其持有的公司股权（流通股、限售股或非上市股权）作为质押担保或卖出回购的一种融资方式。

并购重组是企业一种最快速的扩张方式和最高层次的投融资方式，盛行于全球的各个资本市场和各个行业。同时并购重组也是提升上市公司市值一个非常快捷的途径。

在资本市场上，资产证券化是一种成熟的金融工具，对于盘活长期资产、变现预期收入、降低融资成本的作用明显。资产证券化是指企业（金融机构、政府或事业单位）将其能产生可预期现金收益的、缺乏流动性的资产组合作为偿付支持，通过结构化设计进行信用增级，在资本市场上发行资产支持证券（ABS）的方式出售，以达到获得融资、最大化提高资产流动性的目的。

金融衍生品是一种金融合约，以股票、利率（短期存款和长期债券）、货币和商品等原生资产衍生出的金融工具。金融衍生品是价值经营中非常重要和有价值的方法与手段，但是如何将其应用于市值管理，对上市公司和控股股东都是一个很新并且很具有挑战性的话题。

上市公司根据自身实际，有选择地或者综合采用以上融资方式，将会形成良好的融资体系，作为价值管理的重要内容，融资体系设计对于上市公司价值持续成长意义重大。

9. 市值管理与维护

市值的高低会影响企业的利润和长期发展。企业需要正确认识股市周期，运用投资者、分析员、监管机构和媒体关系管理。这是上市公司面对资本市场最重要的四个对象，它们都需要有效管理。

市值管理最原初的动力来自股东，他们希望获得价值增长。一家高市盈率的公司的管理层是有着很大的经营压力的，不仅现有的盘子不能出问题，还得不断保持增长。上市公司的高管考核通常会有股价这一指标，而管理层的薪酬也会有相当比例是股权激励，因而管理层会有对股价进行管理的动机。

（1）市值管理与维护策略

股价的影响因素包括净利润和市盈率。市盈率变化主要依靠信息，在不根本改变控制者和管理层的情况下，通常通过并购一些公司来达到市值管理的目的，而且往往是净利润和估值水平同时提高。

首先，并购一家或数家具备较好净利润水平的同行业公司，可以较好地将收进来的公司消化，可以实现利润增长、市值提升。其次，并购一家具备较高估值的企业，是中国资本市场上近年来最火热的经营行为。比如各种跨行业并购，餐馆收了游戏、化工收了传媒等。这就是公司将具备高成长性的资产 / 运营实体纳入了上市公司范畴，这部分资产 / 实体带来的利润增长可以支撑公司的股价成长。

通过并购实现传统产业向新兴产业转型、产业链上下游整合、分拆估值较低的资产等都是市值管理的思路。

（2）市值管理与维护的具体方法

第一，公开市场增持和减持。

公开市场增持和减持的缺点是动向完全透明，成本较高。这对于上市不久，股权还相对集中的企业不太适用。大股东的集中大额减持对股价打击很大。而且通常需要事先披露减持计划。

第二，定向发行和非公开发行。

定向发行是指目标确定的发行，可能是非公开发行，也可能是超过 200 人的公开发行，通常用于并购重组，例如通过向收购标的股东定向发行股票换取其持有被收购标的的股权。非公开发行的对象不超过 10 人，非公开发行是定向发行的一种，相当于私募股权，由非公开发行对象向公司增资，通常用于增持。

第三，分立、分拆。

即将估值较低、盈利状况较差的资产 / 实体，在不违反同业竞争规定的情况下转让给第三方或者移出上市公司体外。

第四，公司回购、公开增发。

在管理层认为公司股价被低估时，可以用公司的自有盈余现金对流通股进行回购，可以提振股价，提高净资产收益率等财务指标；另一方面，在公司不缺现金，也没有很好的投资项目时，回购在税务等方面通常比分红更为划算和便利。

如公司有较好的投资项目，而管理层又认为目前公司股价高估时，可以进行公开增发，向资本市场募集资金进行新项目的开发。如果新项目能够获得较高估值，则会带来股价的提升。

第五，杠杆比率调整。

杠杆比率指的是公司的总资产和股东权益的比值。当公司现金流较好，具有较好投资项目，但股价较低时，使用债务融资成本更低。新增债务会增加杠杆率，只要新项目净利率高于原有公司经营项目净利率，即可提升股价。

市值管理与维护是一个经济学课题，包含"资本运作"的内容。上市公司是一个宝贵的融资平台，如果成功上市但没有做好市值管理而导致公司市值长期低迷，实在非常可惜。因此，企业家需要学习市值管理与维护理论，运用市值管理与维护方法，获得市值持续增长。

总之，九个模块从不同方面对企业经营管理进行规划设计，一个前景良好的公司一定会在这九个方面做出不同凡响的业绩。其中创新必不可少。新创企业需要从这九个方面学习成功企业的经验，持续提升价值，开创良好局面。

几个思考

1.结合本节所讲内容，我们再来回顾一下，要实现企业价值管理的持续成长，需要哪些关键要素和模块？

_____

_____

_____

2.对上市公司价值的管理，从另一个角度来说，也可以称之为关系的管理，在六大关系中，您的企业目前在哪些方面做得较为理想，哪些方面还有待提升？

_____

_____

_____

3.结合本节的内容，您觉得，要想实现您的企业价值管理的持续成长，当前最重要的是关注哪一个模块？

_____

_____

_____

并购基金的创新与服务

并购重组是一个涉及多方关系的链条，包括政府部门引导、金融机构合作共赢、企业产业整合和转型升级，以此实现企业价值持续增长。并购基金在这个过程中起到关键性的助推作用。上市公司采用多种模式与金融机构合作，并创新并购基金服务方式，合理运作，将极大促进价值增长。

并购基金的服务创新

上市公司并购基金是私募股权基金的一种，是由上市公司子公司或实际控制人的关联公司发起并担任管理人的，通过募集资金，投到上市公司上下游及相关产业具有价值并高成长的标的公司，通过这些公司的增值成长，由上市公司回购或独立 IPO、出售，获得高额收益的基金。该基金的特点是：标的选择明确，退出通道通畅，收益相对稳健。图 3-8 说明了私募基金中的各种类别基金：

图 3-8 并购基金范畴示意

并购基金参考市盈率指标显示投入期市盈率为 4 — 8 倍，并购窗口指导市盈率小于或等于 15 倍，上市公司平均市盈率是 26.8 倍。可见并购基金可预期从投入期开始市盈率逐渐增加。表 3-1 显示了并购基金参考市盈率数据：

表 3-1 并购基金参考市盈率

投入期市盈率	并购窗口指导市盈率	上市公司平均市盈率
4 — 8 倍	小于或等于 15 倍	26.8 倍

1. 并购基金基本情况

2012 — 2017 年全球私募股权投资市场募集情况示意表显示，并购基金从 2012 年的 950 亿美元增加到 2017 年的 2 890 亿美元。其间 2013 — 2015 年从 1 690 亿美元逐渐降低到 2015 年的 141 亿美元。但是从 2016 年则从 2 080 亿美元开始增加。至于私募股权基金除了 2015 年比上年降低 200 亿美元之外，其他年份均显示增加。并购基金占比从 2015 年开始逐年增加。从并购基金占比增加可以看出并购基金近两年逐步增加分量，显示出更重要的作用。图 3-9 说明了 2012 — 2017 年全球私募股权投资市场募集与并购基金占比情况：

图 3-9　全球 2012 — 2017 年私募股权投资市场募集与并购基金占比情况

"当前中国并购基金市场正面临着不少挑战，包括国际经济形势的变动、国内政策环境趋严，以及市场竞争日益激烈、基金管理机构专业能力缺乏等。但是，在政策的鼓励、国企改革和产业整合需求依旧旺盛、互联网巨头横向兼并步伐不断加快等客观因素的推动下，中国并购基金市场正在快速发展。"《2017 年中国并购基金发展研究报告》作出上述判断。

中国并购基金市场兴起于 2000 年之后。在股权投资市场发展迅速的背景下，并购基金以其延伸出的创新投资模式和其在产业整合、国企改革方面发挥的重要作用，越来越受到广大投资者的关注。数据显示，2010 — 2017 年中国股权投资市场共募集完成 986 只并购基金，募资规模达 7 040.61 亿元。

2010 — 2017 年并购基金在中国市场共完成 1 222 起并购投资，投资金额达 689.34 亿元。从投资行业看，活跃度最高的是生物技术、医疗健康、IT 和互联网行业；投资规模排名前三的行业是金融、清洁技术以及生物技术、医疗健康行业；从地域分布看，并购基金投资集中在北京、上海、深圳、浙江、江苏等经济发达的省市。图 3-10 说明了 2010 — 2017 年中国并购基金募资情况。在募资规模方面除了 2013 年和 2017 年分别比上年下降之外，其他年份均呈现上升趋势。在基金数量方面，除了 2017 年比上年减少之外，其他年份均显示增加。

图 3-10　中国 2010 — 2017 年并购基金募资情况

2. 创新服务内容与方式助力产业整合

被誉为"国企改制专家"的某投资机构自 2003 年成立至今 15 年，共参与了 33 家国企的 38 个改制项目，投资总金额超过 190 亿元。2005 — 2006 年，某重科进行股权分置改革，某投资机构出资 2.74 亿元，通过协议转让入股某重科，成为其第二大股东。此后 12 年，某重科开拓全球市场进行海外收购、定向增发，以进行重大项目建设、港股上市、发行美元债以及战略布局。可见某投资机构一方面作为一个专业投资者，充分发挥其募资能力；另一方面，作为公司管理层的一致行动人，充分发挥其在战略制订、并购整合、资本运作、优化管理等方面的经验，深入参与到企业决策之中。

并购基金基于国企改革、产业整合等市场发展需求，近十几年来发展迅速。

I 资本智慧
Intelletual Capital

> 价值管理包括市值增长、管理创新、资本运作等方面，属于生态级市值管理。价值管理需要从资本运作、模式创新、管理体系建设等方面努力。从目标、团队、核心、变量、关系和模块六个方面对价值管理进行规划和设计，可以使企业经营从战略到策略方法都具备清晰思路。

但同时，由于并购基金运作模式复杂，对基金管理机构的综合能力要求较高，且退出渠道受到政策影响较大等因素，目前我国市场上主流并购基金更多仅能发挥融资作用。长远看来，国家监管部门持续鼓励基于产业整合的并购重组，不断改善并购退出渠道的畅通性；地方政府成立的政府引导基金为并购基金提供了有力的资金支持；新兴产业蓬勃发展、传统行业升级转型需求为并购基金提供了发展机遇。

总之，并购基金创新服务的内容与方式，与实体企业、国资、企业、金融机构等各方资源结合，有助于分散投资风险和满足各方的利益需求。并购基金投资者充分发挥募资能力，为企业提供资金支持，并充分发挥其在战略制订、并购整合、资本运作、优化管理等方面的作用，这些对于发挥并购基金对产业整合、转型升级的作用意义重大。

并购基金的设立

设立上市公司并购基金的利益在于为上市公司降低风险、减少压力，实现市值增长，具体体现在这样几个方面：体外孵化，减少对上市公司的影响；获得双重动力，产业加资本的双轮驱动；增加市值，通过并购实现市值增长；获得资金杠杆，减少上市公司资金压力；进行资源整合，迅速提高目标公司业绩；削足适履，降低并购时的交易风险；产业整合，消灭竞争对手壮大自己。图 3-11 说明了 2014 年 1 月到 2016 年 6 月各个半年度设立基金情况，数据显示每半年度以超过 20 个单位的量增加。

图 3-11　并购基金设立情况

1. 上市公司与 PE 设立并购基金 LP、GP 模式

并购存在多种模式。鉴于上市公司设立并购基金的意义明显，企业可以

根据自身情况采取适应资本运营、产业发展和持续增长需要的并购模式。

（1）并购的 LP 模式

通常，合伙制基金较少采用普通合伙企业形式，而采用有限合伙形式。有限合伙制基金的投资人作为合伙人参与投资，依法享有合伙企业财产权。其中的普通合伙人（GP）代表基金对外行使民事权利，并对基金债务承担无限连带责任。其他投资者作为有限合伙人（LP）以其认缴的出资额为限对基金债务承担连带责任。

在常规的私募股权投资企业模式下，LP 一般不执行合伙事务，不对外代表有限合伙企业，不参与基金的具体管理，其仅以认缴的出资额为限对合伙企业债务承担责任；合伙企业具体事务由 GP 负责执行和管理，GP 对基金事务拥有充分的管理和控制权，可获得其所管理的合伙基金总额 1.5% ~ 3% 的管理费，并享有基金投资利润分成的权利。

因此，上市公司在参与设立产业并购基金过程中，应考虑到产业并购基金设立的主要目的是为实现上市公司对相关产业的并购及产业上下游的整合。为此，上市公司在参与设立的产业并购基金时要设置一些对基金的资金用途进行限制的条款，如规定禁止产业并购基金进行如下投资："以资产进行物业直接投资，投资于其他创业投资企业及合伙企业（包括有限合伙企业），从事二级市场股票、期货、房地产项目、证券投资合伙企业、企业债券、金融衍生品等投资，对外贷款及担保，从事可能使资产承担无限责任的投资、国家行业主管部门规定禁止从事的其他行为，用于赞助、捐赠等支出。"

同时，为了增强对产业基金的控制力，上市公司通过参与合伙人会议及委派投资决策委员会委员的方式直接参与投资决策，部分上市公司还通过向并购基金委派监事长的方式来增强对产业基金的控制力，在该种方式下，监事长由上市公司委派，负责对拟投项目是否符合产业并购基金设定的投资方向进行审查，并享有一票否决权，对不符合的拟投项目，监事长有权决定该项目不提交投资决策委员会审议，从而加强对并购基金投资决策的影响力。

（2）并购的 GP 模式

根据《合伙企业法》的规定，上市公司不得成为普通合伙人，但合伙企业法并未限制上市公司控股子公司以普通合伙人身份参与设立产业并购基金。因此，上市公司通过设立控股子公司以 GP 身份参与设立产业并购基金，合理规避了《合伙企业法》对于上市公司作为普通合伙人的限制性规定。图 3-12 显示了并购基金中基金管理人投资占比情况：

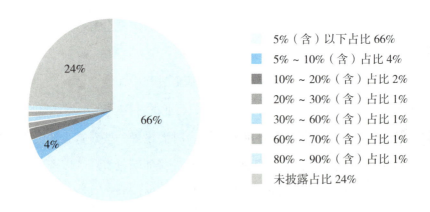

图 3-12 并购基金管理人投资比例统计图

在上市公司以 GP 身份参与设立产业并购基金的模式下，上市公司通过担任产业并购基金普通合伙人（GP）的控股子公司加强了上市公司对产业并购基金的影响力，但在该种模式下，应充分注意以下几个方面：

首先，上市公司控股子公司作为 GP 将以较高的出资额对产业并购基金承担无限连带责任。

其次，参照目前中国证监会的 IPO 审核理念，GP 通常被认定为基金中的实际控制人，上市公司子公司以 GP 身份参与设立产业并购基金将可能导致上市公司成为产业并购基金实际控制人或共同实际控制人，这将影响并购业务中关联交易和同业竞争的判断。

再次，考虑到股权投资领域的竞争性，并购基金能有效及时地作出决策对于成功完成并购较为关键。

最后，并购过程通常较为复杂，可能涉及较多的内部知情人，因此造成内部交易潜在风险。为了避免信息泄露，导致股价波动及被相关主管部门处罚，上市公司及并购基金应合理有效地得到管理。图 3-13 说明了上市公司基金设立情况，其中包括未实际设立、完成设立、已备案、已注册未备案等不同情况占比。

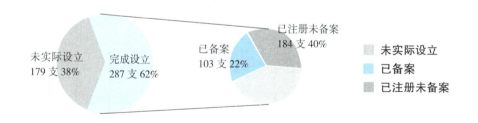

图 3-13　上市公司基金设立情况统计图

2. 上市公司或其控股子公司作为 LP 与投资机构合作模式

上市公司（或其控股子公司）作为 LP 可以与其他专业机构共同设立产业并购基金。对于尚未具备股权投资经验的上市公司而言，受制于投资经验不足、自身投资团队的规模有限以及对行业投资的研究能力匮乏等因素，部分公司选择成为基金的有限合伙人，通过与投资行业内优秀机构合作设立并购基金，对并购对象进行收购。图 3-14 说明了并购基金中其他投资者分类情况：

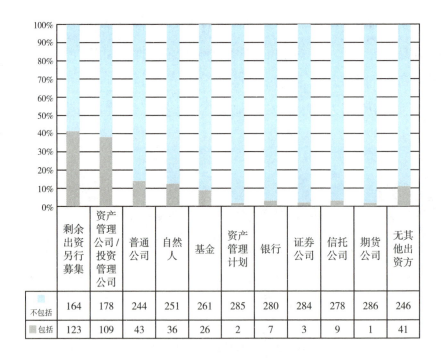

	剩余出资另行募集	资产管理公司/投资管理公司	普通公司	自然人	基金	资产管理计划	银行	证券公司	信托公司	期货公司	无其他出资方
不包括	164	178	244	251	261	285	280	284	278	286	246
包括	123	109	43	36	26	2	7	3	9	1	41

图 3-14　并购基金中其他投资者分类说明

自 2011 年 9 月到 2013 年 1 月，某硅谷公司对外先后展开了三次合作，分别如下：

2011 年 9 月，某牧业与某硅谷全资子公司某创投设立某公司，出资额为 3 亿人民币，存续期为 5 年，某牧业作为有限合伙人出资 3 000 万元，某创投作为普通合伙人出资 3 000 万元，其余出资由某硅谷负责对外募集。某硅谷作为某公司的管理人，负责日常管理。某公司以畜牧业及相关领域企业项目为主要投资方向。在合伙企业存续期内，某牧业和某创投实缴出资部分均不得转让。

2011 年 12 月，某公司与某硅谷全资子公司某创投发起设立某投资，出资额为 50 000 万元，其中某创投出资 5 000 万元，某公司出资 4 950 万元，其余资金由某创投对外募集。在合伙企业存续期内，某创投和某公司实缴出资部分均不得转让。

某投资机构设立投资与退出决策委员会，由 7 名委员组成，其中某硅谷委派 5 名委员，某公司委派 2 名委员。某投资机构另设监事长一人，由某公司委派，负责对投资项目是否符合双方约定的投资方向进行审查，享有一票否决权。

2013 年 1 月 31 日，某药业发布《关于拟与并购基金合作进行产业整合的公告》，约定拟与某硅谷和某投资机构共同发起设立专门为公司的产业整合服务的并购基金，并购基金以合伙企业的形式存续，合伙企业存续期为 4 年。并购基金的具体投资管理业务委托某硅谷管理，由某硅谷任管理人。并购基金主要服务于某药业的核心业务，以与某药业的主营业务相关的中药、生物制药领域为主要的投资方向相符。

　　并购基金依据潜在并购对象进行确定，按照实际情况总规模不超过 10 亿元，某投资出资占并购基金规模的 10%～20%，某硅谷和社会投资者出资占并购基金规模的 80%～90%，其中，某创投出资 500 万元，剩余部分由某硅谷负责向社会投资者募集。

　　并购基金具体投资业务委托某硅谷管理，由其担任管理人。对所投资的并购对象，由某硅谷和某药业及某投资共同管理。

3. 利用"PE + 上市公司"模式快速实现业务扩张和全面改革

　　"PE + 上市公司"模式是我国并购基金常见运作模式，即上市公司与 PE 机构共同成立产业并购基金，主要投资于上市公司上下游企业，待项目运营成熟后，再由上市公司进行收购，并购基金从而实现退出。

　　作为一家专业眼科连锁医疗机构，某眼科于 2014 年分别与中国某资产管理公司、某资本管理有限公司合作成立了规模为 2 亿和 10 亿的并购投资基金，主要用于新建或并购优质医院项目。2 年后，某眼科以 5.8 亿元收购了这两只并购投资基金持有的共 9 家眼科医院的股权，资金则全部来源于非公开发行股票，并购基金的部分投资就这样成功实现退出。

　　某眼科与 PE 机构成立的并购基金反应了"PE + 上市公司"模式的典型特点。第一，专门服务于上市公司产业整合，投资定位即配合公司长期发展策略；第二，退出渠道较为明确，投资风险相对较小；第三，上市公司丰富的行业经验对于投资项目的筛选，被投企业的日常经营和管理，均可提供有效协助；第四，GP 多元的融资渠道得到充分利用，上市公司在并购基金中的出资额度较低，杠杆通常可放大到 10 倍；第五，GP 具有丰富的并购投资经验，在收购医疗机构的操作过程中，可有效化解税务、合规、政策等多方面风险。图 3-15 显示了上市公司及其子公司参与设立基金管理公司情况，其中包括未

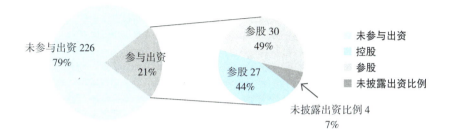

图 3-15　上市公司及其子公司参与设立基金管理公司情况

参与出资、控股、参股、未披露出资比例等情况占比。

　　总之，上市公司与投资机构合作成立并购基金，对于产业整合、公司治理结构改革、兼并重组意义重大。上市公司可以根据自身情况，在符合法规的前提下，采取多种合作模式。

并购重组的运作

　　并购重组监管出现新形势。监管部门认为，国家鼓励产业并购，大幅简化并购重组行政审批，鼓励基于产业整合的并购重组。证券公司不能只盯着承销保荐，更要在并购重组、盘活存量上做文章。重点支持符合国家产业战略发展方向、掌握核心技术、具有一定规模的优质境外上市中资企业参与 A 股公司并购重组，并对其中的重组上市交易进一步严格要求。图 3-16 说明了并购基金各种规模占比情况。

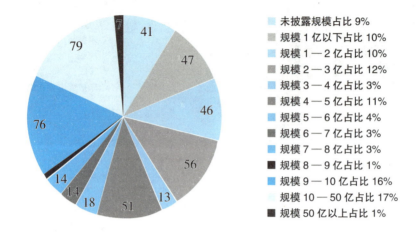

图 3-16　并购基金规模统计图

1. 并购重组审核程序和相关规定

并购重组审核程序一般包括以下内容：重组预案、独立财务顾问核查意见、独董意见、签订交易合同、股东大会特别决议、网络投票、关联股东回避、三个工作日内委托独立财务顾问申报、独立财务顾问持续督导。

监管部门取消和简化行政许可，简政放权，大力推动上市公司兼并重组。2012 年，上市监管部门取消"上市公司回购审批"大类行政许可和四项要约收购豁免的审批。2014 年，配合相关部门修改证券法相关条款，修订重组办法和收购办法，取消了上市公司收购、除构成借壳上市的重大资产购买出售以及两种要约收购豁免情形的审批。对于保留的并购重组行政许可事项，通过大幅简化申报材料、优化审批流程、制订服务指南等方式，提高审核效率和透明度。

依照《上市公司收购管理办法》第六十二条第一款所列情形向中国证监

会提出免于以要约方式增持股份的申请，中国证监会在受理豁免申请后 20 个工作日内作出是否豁免的决定。其程序如下：

受理→初审→反馈→专题会→落实反馈意见→审结归档。发行股份购买资产适用《重组办法》。特定对象以现金或者资产认购上市公司非公发的股份后，上市公司用同一次非公发募集资金向该特定对象购买资产的，视同发行股份购买资产。使用募集资金购买资产、对外投资的行为，不适用《重组办法》。为促进行业的整合、转型升级，在控制权不变的情况下，可以向独立第三方发行股份购买资产。如没有显著协同效应，应充分说明交易后的经营发展战略和业务管理模式，以及业务转型升级可能面临的风险和应对措施。

2. 并购重组的问题和趋势

对于上市公司而言，中国经济逐渐转向高质量发展，也为其持续增长奠定了坚实基础。在中国经济迈向中高端水平的带动下，上市公司尽管在整体业绩保持平稳增长、发展质量逐步提升，但发展不均衡，不充分的问题依旧存在，对潜在风险的防控仍然不能掉以轻心。

（1）区域发展不均、行业发展不均依旧

区域发展方面，不管是新增上市数量、新兴企业占比还是盈利能力等，东部地区都明显优于中西部及东北地区。例如，2017 年，在新增上市公司方面，东部、中部、西部以及东北地区分别为 198 家、25 家、18 家、2 家；而从企业类型占比来看，东部地区战略新兴产业占比较高，为 43.41%，而中、西部地区则以传统企业为主，占比分别为 62.45% 和 68.24%。

行业发展方面，尽管近年来金融和地产行业受到一定影响，但在利润方面，占比较为突出，尽管在行业营收上合计占比为 10.07%，但净利润合计占比却高达 21.70%。相比之下，农业类公司表现低迷，2017 年，农业类公司净利润

同比下降 48.21%，之所以出现这样的局面，一方面与国内养殖结构变化、产品价格下滑不无关系，另一方面也受到个别企业存货风险的影响。

（2）对新动能的培育和壮大需要给予包容与支持

就新兴产业而言，其占比提升之所以不快，主要是因为其业绩短期之内难以增加，这与其前期研发和市场培育的投入较大不无关系，也在一定程度上为企业上市加大了难度。自 2014 年至 2017 年，战略新兴产业公司的数量占比，仅为 3.6%；到 2017 年，以高端设备制造、生物医药、新一代信息技术等为代表的中短板类产业，其新增上市公司数量，占比仅为 26.75%。

尽管新兴产业具备高成长性，但同时也伴随着高风险性，在这个过程中，既需要市场对其创新的政策和资源的投入转化给予足够的包容，也需要进一步加大对新兴产业的支持。在密切关注新兴产业的波动的同时，及时调整相关政策。

（3）并购重组的整合效果与持续性增长值得关注

对于未来的上市公司来说，并购重组后的整合效果、增长持续性对其影响显著，需要重点关注。通常来说，上市公司在并购重组后，经常会面临相关业务整合失败的情况，其被并购标的业绩往往也会受此负面影响。例如在 2017 年，由于部分企业未能履行业绩承诺，甚至出现个别企业逃避责任，对资本市场造成十分不利的影响。

（4）对上市公司的外部环境变化影响因素需要持续关注

未来，随着对外开放格局的进一步增强，服务业和制造业市场准入条件，将进一步放宽，进出口规模和对外投资规模，也将进一步扩大。对上市公司而言，这些外部环境变化所带来的影响将更加广泛和复杂，相应地，其面临的潜在风险也可能增加。而部分企业对外技术依存度较高，也同样不容小觑。

总之，上市公司的并购重组，并不是单一的个体行为，而是需要从金融机构、企业到监管部门之间充分的信息共享与交流并找到适当的结合点，才能持续推动企业价值增长。同样，只有以企业价值持续增长为目标，才能更好地在政府部门引导下进行金融机构合作共赢、企业产业整合和转型升级等因素相结合的探索。

设立上市公司并购基金的好处

设立上市公司对于上市公司本身、当地政府、标的公司、投资人具有各不相同的利益。在产业整合方面有利于政府，也有利于企业持续成长，同时，促进产业整合和企业持续成长的投资人会获得回报。因此，设立上市公司有助于各方共赢。

1. 对上市公司

设立上市公司对公司本身具有重要意义。设立上市公司有助于上市公司的体外孵化，减少不利因素对上市公司的影响。设立上市公司可以获得双重动力，实现产业和资本的双轮驱动。设立上市公司可以增加公司市值，通过外延式并购实现市值增长。设立上市公司有助于利用资金杠杆，减少上市公司资金压力，将资金更多投入研发和并购重组，最终实现持续成长。设立上市公司有助于上市公司资源整合，迅速提高目标公司业绩，还可以降低并购时的交易风险，带动双赢。设立上市公司有助于产业整合，消灭竞争对手，壮大自己的体量和实力。设立上市公司需要锁定标的公司，预先安排，提前锁定，合理完成产业布局。设立上市公司需要借用外力，利用管理咨询参与综合管控。

I 资本智慧
ntelletual Capital

> 并购重组是一个涉及多方关系的链条，包括政府部门引导、金融机构合作共赢、企业产业整合和转型升级，以此实现企业价值持续增长。并购基金在这个过程中起到关键性的助推作用。上市公司采用多种模式与金融机构合作，创新并购基金服务方式，合理运作，将极大促进价值增长。

2. 对当地政府

设立上市公司对于繁荣区域、地方经济意义重大。这表现在产业整合、招商引资、结构调整等方面。在产业整合方面，需要聚焦，集中于上市公司所属产业的全国范围的整合；在招商引资方面，需要以上市公司并购基金为基础，扩大招商力度；在结构调整方面，需要去产能，优化产业结构，提高区域核心竞争力。总之，设立上市公司将对政府治理经济产生助推作用，表现在以产业整合和结构调整的方式实现区域和地方经济发展繁荣。

3. 对标的公司

设立上市公司对于标的公司意义显著。这表现在促进标的公司快速成长上。设立上市公司可以实现快速融资，搭上上市公司资本运作的快车，快速建立融资系统，解决公司经营、管理、整合问题 。设立上市公司可以助推标的公司快速成长，通过利用上市公司品牌、市场资源，获得高速成长。设立上市公司可以帮助企业间接上市，提前规范安排，按照预期计划，以高价值完成公司上市。

4. 对投资人

设立上市公司对于投资人的收益回报意义重大。投资人以自身资金资源投入上市公司改造、重组、并购、再融资等环节，促进了上市公司成长，对于上市公司具有贡献，应当获得合理回报。同时需要认识到，退出通畅的重要性，与 VC、PE、pro-IPO 相比，并购退出更具备确定性。还要明确，并购基金的年化收益一般在 30% 左右，相对稳健。

总之，设立上市公司的好处主要体现在对于上市公司本身、标的公司、政府、投资人等方面。从结果看来，基于成功的上市公司经营管理，设立上市公司对于以上各方能产生共赢局面。

几个思考

1. 作为企业并购重组的重要因素，并购基金在其中起到关键助推作用。结合您企业的经营，您目前是否有接触并购基金？如果未来有接触的可能，您最需要了解的是哪些并购基金？

_____

_____

_____

2. 针对实际经营情况，企业可以从适应资本运营、产业发展和持续增长需要等方面设定企业特有的并购模式。结合本节内容的讲解，思考一下，如果为您的企业设计并购模式，您会怎么设计？

_____

_____

_____

3. 企业的并购重组，向来就不是一个简单的话题。结合本节的阅读，您认为在企业并购重组中，有哪些关键点和值得关注的要素？

_____

_____

_____

CAPITAL PLANNING

AND

VALUE MANAGEMENT

第三部分

案例分析

「第

四

章」

案例分析

观察众多成功企业，可以发现它们都具有良好的资本规划和价值管理，其具体体现是兼顾立足公司治理、产品优化的内生式增长与借助资本运作、产业扩张、产业整合的外延式增长，以持续成长的公司价值带来持续增长的市值。其中，美的集团和 K 药业成为各自行业龙头，引领各自领域产业整合、转型升级潮流，堪称典范。尽管它们未来的路还长，还需要经历诸多挑战，但是，它们的努力卓有成效，为同行提供了借鉴，值得思考与分析。

美的集团以产业整合、全球布局突围

20 世纪 80 年代中期，中国的家电行业开始起步，至今，其发展业已历经改革开放、资本市场和加入 WTO 的洗礼。如果用"从无到有，由弱变强"来形容其发展，再贴切不过。对于国内消费者而言，不管是小到厨房小家电，还是大到冰箱、空调、洗衣机等大家电，自主品牌正在逐渐成为首选，更是优质"中国制造"的代表。提及中国的家电行业，相信不少人都会想到三个企业——美的、格力和海尔。

在这三强中，截至 2017 年 5 月 31 日，美的集团以逾 2 335.40 亿元人民币的市值领跑。作为其中唯一一家民营上市公司，美的集团的成功发展，也就更具有广泛的学习和借鉴价值。接下来，我们就以美的集团为例，结合、格力和海尔进行横向比较，深入分析制造业转型升级的路径和产融结合之道。

美的集团 50 多年业绩

1968 年，美的创立，历经 40 多年的发展，如今，美的集团员工已突破 10 万人，旗下品牌也多达十余个，其中，就有我们熟知的美的、小天鹅、威灵、华凌等。其产业链布局和发展也十分完善，覆盖空调、冰箱、洗衣机、微波炉和洗碗机等多个产业；在产品集群上，是中国企业中小家电产品群和厨房家电产品群最完整的；其产品市场覆盖全球 200 多个国家和地区，多达 60 多个海外分支机构。无论在小家电、冰箱还是洗衣机、空调等产品销量上，均位居世界前列甚至第一位。

以客户为中心进行产品线扩张，实现内生式增长

随着对客户需求变化研究的进一步深入，1985 年，美的集团决定投资兴建空调生产基地，将电机和风扇的利润作为资金支持。随着其内生式增长模式的确立和展开，市场得到不断开拓。

通过国外并购和国内收购增加体量与实力，实现外延式增长

美的通过海外并购获得技术，并通过国内收购增加体量，完成全球布局，实现对同行的超越。

1. 与国外企业合作提升技术水平

美的集团与国外企业合作，始于 1992 年，主要采取与外企成立各类型合资企业的方式。例如，与市场技术领先者日本东芝和三洋等建立合作关系。

其中，与东芝在1999年就微波炉项目开展合作，为美的成功进军微波炉行业，奠定了基础。

而在海外市场，美的采取合资企业OEM代工出口的方式，进行市场、技术、产品、人才的国际化对接，迅速为海外销售平台建设和自主品牌出口打好基础。

2010年，随着对开利埃及空调公司股份（32.5%）以及拉美空调股权（51%）的收购，美的成功借助开利在北非和拉丁美洲等新兴市场的营销网络体系，实现自主品牌的输入，既提升了品牌影响力，也加速了美的集团的全球化布局。

作为日本家电的代表品牌，东芝的家电业务70%收入来自日本，其产品呈现出结构全面、大家电和小家电的占比分布均匀的特点。美的与东芝合作，正是看中了它作为一个百年品牌所拥有的深厚技术积累，仅专利方面，就高达5 000多项，这也为美的集团海外专利布局画下浓墨重彩的一笔。

同样，在对意大利中央空调Clivet的收购上，美的看重的是，它作为欧洲的知名品牌所拥有的完整销售渠道和生产线，以及在当地市场中的品牌知名度、丰富的招标和渠道经验和广阔的人脉资源，这为美的在海外突破中央空调项目竞争中的品牌壁垒成功助力。

2. 收购国内企业增加体量与实力

美的集团外延式增长的发展模式始于1997年，主要以国内收购方式为主。从1998年到2011年，美的集团的国内收购标的呈现出三个特点：一是区域性规模企业（如荣事达、华凌、小天鹅等），二是其产品线相对集中（主要为空调、冰箱和洗衣机等大型家电），三是区域分布主要在紧靠消费市场的华东和华南地区。

3. 完成全球生产基地的布局

美的集团在全球生产基地的迅速布局，离不开合资与收购的支持。不少基地的厂房和设备进行了技术改造，都是在完成收购后投入使用的，其中包括芜湖、合肥、重庆、苏州、无锡、贵溪等生产基地。通过合资与收购，美的集团在国外的生产基地，也早已覆盖越南、白俄罗斯、埃及、巴西、阿根廷和印度等国家和地区。

2010 年对美的集团是重要的一年，这一年，其销售收入突破千亿元大关，其增长实现 10 年 10 倍的跨越，在国内家电行业三强的较量中，一马当先。

以产业转型开辟新市场领域

随着美的集团对 KUKA 的跨界收购，资本市场也将其列为关注的焦点。

作为一家集合了机器人全产业链的企业，KUKA 的业务主要集中在机器人业务、控制系统业务和瑞仕格业务领域，其客户也主要集中在制造业、物流、医疗机构等行业。其中，机器人业务产品主要包括出售工业机器人、重型机器人和医疗机器人以及相关服务；控制系统业务则主要是为汽车等各类行业客户提供自动化解决方案；而瑞士格则主要是为医疗、仓储和配送中心提供自动化解决方案。

正因如此，对这次收购，不管是美的集团还是资本市场，都能看到其收购所带来的战略影响和价值。对于美的来说，收购 KUKA 可以打破以往的战略局限，实现商业模式的转型和创新。

随着此次收购完成，在未来，于美的而言，可以借助 KUKA 的机器人业务优势，率先在家电生产基地应用工业机器人，提升生产效率，缩减人力成本；于 KUKA 而言，借助领先的技术和美的集团强大的渠道，可以迅速开拓中国及亚洲市场客户。而这仅仅是其价值的一部分，更多价值和路径，还有待双方充分地探寻。

不难看出，在经历中国家电行业的兴衰起伏之后，美的集团坚持以客户需求为中心，凭借对商业模式的创新，顺利地在家电行业整体迈入成熟期的时候，借力资本运作，开辟机器人产业的第二跑道，拓展出多重战略控制下的新利润区，可谓是"智慧家居＋智能制造"双轮驱动。

以分权与制衡为特色的公司内部治理

何享健在接受采访时曾说："美的将通过制度来保证这家公司的发展，不是靠个人，是靠团队，靠制度管理，所以我根本不用特别认定一个接班人。"

1. 公司内部结构体系改革

纵观美的集团组织结构体系的改革，每一次都对公司制度进行升级调整，具体来说，其改革主要分为三个阶段：

第一，事业部改造初期。这一阶段从 1997 年开始，主要举措围绕组建以产品为中心的事业部。其关键是让每一个事业部都拥有一套独立经营的体系和团队，确保其产品的研、产、销能够根据市场变化来独立调整。当时的空调事业部、风扇事业部和电饭煲事业部即是典型代表。

第二，事业部改造中期。这一阶段自 2002 年开始，一直延续到 2005 年。主要举措是在第一阶段的基础上，进一步将事业部拆分和细化，分成风扇、饮水设备、微波炉和电饭煲四个事业部，通过这次调整，到 2005 年时，助力美的集团在 10 年间实现营业收入 10 倍的增长。

第三，事业部改造升级、美的向产业集团转型阶段。这一阶段改革源自

2006年的业绩再次增长停滞，由于前两个阶段事业部改造卓有成效，导致事业部在短期之内增加到十几个从而引发了集团内部的资源分散和重复建设。

因此，这个阶段改革的重心就聚焦在经营权的调整上，2007年，随着事业部制升级版的推出，美的集团组织结构进入产业集团时代，整个集团增设3个二级产业集团。其主要目的是将原本重复的事业部销售、研发和财务资源集中起来，促进同类事业部之间的经营协同，将优势的产品和服务标准进一步完善。经过这次改制，美的集团内部整体的战略协调性得到极大的提高，为其全球化进程打下了良好的基础。

2. 以分权与制衡实现制度化与流程化

何享健曾说："我不想管，不管就得想办法，就得通过制度、通过流程去制衡。"它提出了"集权有道、分权有序、授权有章、用权有度"的十六字分权体系指导方针。这一体系和方针，从1997年制定的《美的集团主要业务分权规范手册》就能很好地体现。将《美的集团主要业务分权规范手册》下发到各事业部执行，可以很好地将其思想和理念深入和延续下去。如果仔细研究这本手册，就会发现其两个突出的特点：

第一，项目落实到细节。这一点从其内容即可体现，整个分权手册分为战略管理、经营管理、投资管理、财务管理等十四个大项，每个大项再细分成具体小项目。以投资管理大项为例，其细分项目包括计划内、计划外投资项目审批，完成立项合同审批、项目实施跟踪、项目验收及评价等小项。第二，权力分配到个人。在分权手册中，将每个项目的基本流程明确规定为"提案、审核、会签、审批、备案"。

其实，把项目落实到细处，把权力分配到个人，其目的就是实现企业内部的权力和资源的制衡，进而保护集团资产和资金的安全。而在制衡的基础上，再将权力分配到个人，是对经营权的具体下放，让员工能够在事业部这个舞台上大展拳脚。

正如何享健所说，"美的将通过制度来保证这家公司的发展"，2012年，何享健正式卸任，退出董事会，将美的集团正式交接给方洪波，不再插手集团经营管理。

2014年，随着"股票期权＋核心管理团队持股计划（美的集团合伙人计划）＋限制性股票"的多层次组合股权激励方案的推出，美的集团进一步将集团管理层、事业部和经营单位的管理层和核心骨干员工的中期和长期利益与公司利益进行紧密捆绑。方案将中长期的激励和约束统一起来，同时又很好地覆盖集团所有的核心骨干。

开创由非上市公司吸收合并上市公司的首例

2012年，美的集团当年营业额骤降23.46%，遭遇业绩重挫，这也促使美的集团下定决心，将集团和上市公司之间同业竞争问题的彻底解决提上议程。

随后，在2013年，通过换股吸收合并美的电器，美的集团成功实现主业白色家电、小家电、电机、物流全部业务的整体上市。

1. 开创非上市公司吸收合并上市公司的先河

美的集团的这次合并上市，与以往其他企业采取的"由上市公司吸收合并非上市公司，从而实现整体上市"大不相同。这次合并上市，开创了证监会《上市公司重大资产重组管理办法》颁布以来，由非上市公司吸收合并上市公司的先河。对于美的集团来说，能够保持存续公司美的集团的实力，有利于集团的长远发展。

2. 优质资产注入，实现整体上市

此时，美的电器主营业务是空调、洗衣机、冰箱等大家电，由于市场竞争激烈而利润不断趋薄，产业陷入发展"瓶颈"。而美的集团内的小家电、物流、机电3个业务板块却是利润增长的核心。尤其是小家电板块，在国内市场上，长期处于绝对领先地位，其中就有电水壶、电压力锅等8个单品市场份额位列第一，2011年，其营业收入更是高达316亿元。

通过换股举措，美的集团将优质资产注入并整体上市，这体现了美的集团做大做强公司以及用心经营的战略意图，开创了我国资本市场并购的先河。

3. 高溢价换股，赢得股东和投资者的认可

相较于 TCL 集团、武钢集团等公司的整体上市方案，美的集团在这次换股方案中，为中小股东提供了更加丰厚的溢价行权和补偿，得到了原有股东和投资者的充分尊重和肯定。

4. 零融资

美的集团此次的换股吸收合并，从本质上来说，是集团内部的资本运作和价值管理，其整体上市过程中的零融资，也开创了 A 股市场的先河，更是上市公司价值经营的典范，为我国资本市场的运作树立了标杆。

价值管理手段多元化，实现投资者利益

尽管，美的集团是一个由乡镇企业改制而来的民营制造企业，但其成功绝非偶然。一方面，在产品运营上，美的集团精益求精；另一方面，在资本

运作上，通过丰富多样的手段稳健地进行市值管理和产融结合。

1. 三次配股传递良好预期

20世纪90年代，美的集团通过3次配股，总共募得资金9亿元。这3次配股，原股东参与比例占比较高，这向资本市场传达了一个良好的信号——股东看好美的未来发展。

2. 三次增发推动战略升级

不同于2000年之前以配股为主的融资方式，2000年之后，A股上市公司再融资的主要手段，逐渐转变为增发形式。以美的集团为例，从美的电器到美的集团，前后就进行了3次增发。

第一、二次增发分别在2008年和2010年，此时正值美的集团收购荣事达、华凌、小天鹅等企业。由于收购后大型家电项目的技改扩能，美的集团通过公开和定向增发，共募集资金73亿元，以确保收购后这些项目的及时上马，为其抢占大型家电市场赢得先机。

第三次增发于2015年进行。为了推动集团在移动互联网时代的转型，美的集团决定引入战略投资者小米，以学习其互联网企业的成功经验。此次定向增发的成功进行，为美的集团和小米后来合作推出多款智能家居产品作好了准备。

3. 为再融资的实施提供保障的股利政策

作为中国最早上市的乡镇企业，经历了资本市场长达26年的旅程，美的集团通过配股、公开增发和定向增发募集资金约94亿元。自其上市以来，美的每年都保持现金分红，仅在2013年整体上市后的4年里，就累计向股东发放现金分红高达 192 亿元之多，远超募集资金总额。正是因为对股东回报的重视，美的也赢得了股东和投资者的认可，促使其市值进一步稳步提升。

4. 金融衍生工具下的套期保值

2014 年 3 月，美的集团制订并执行《期货操作业务管理办法》和《外汇资金衍生品业务管理办法》。对集团内部的管理体系、职责分工、风险管理和责任承担等具体事项，进行了明确规定，其中包括设置衍生品统一操作平台和专业人员、严格的审核流程、定期报告、信息披露等重点内容。

案例分析：美的集团价值管理持续成长实践

美的自从 1968 年创业至今已经历时约 50 年。从乡办企业到覆盖全球的上市公司，美的经历了市场体制变迁的考验，也经历了激烈竞争带来的创痛与恢复。这一切是通过美的创始人团队的励精图治、与时俱进实现的。对美的模式从目标、团队、核心、关系、模块几个方面展开分析，可以形成对美的内生增长与外延扩张战略和方案的全面认识，并理解美的价值管理的全部体系。

1. 坚定持续增长目标

在美的发展不同阶段，都有明确的目标，这就是持续增长。在价值创造阶段，聚焦客户形成客户思维解决产品思维带来的消极影响和后果，这是持续增长的前提。在价值实现阶段，将经营权和所有权分离，实行股权激励，将公司利益和激励对象利益进行捆绑，获得动力。在价值经营阶段，进行并购重组和快速扩张实现价值增长。

内生增长是美的集团的重要战略目标。随着市场环境和形势变迁，美的避免产品思维的狭隘性影响，聚焦客户，开发新产品，形成产业链。这些创新都是聚焦于客户需求，从潜在需求中寻找商业机遇，实现利润增长和企业价值提升。

外延增长是美的集团的另一重要战略。通过与国外先进企业合作，获得先进技术，改进产品结构，进军新兴市场领域，开辟新的利润区，以此获得企业价值增长。而且，美的通过横向并购国内企业，进行资源整合，集聚力量，做大做强。在此基础上，产品模式不断得到进化，形成核心品牌、完善的产品结构和品牌布局。除此之外，美的通过海外并购谋求转型。向新的领域进军，获得国际范围的市场空间。美的开拓市场疆界，不仅为保存既有领域的优势收购家电先进企业，还从家电领域进入机器人领域，实现转型，并在产业链上深入挖掘。对国际不同领域的先进企业进行并购重组对于美的价值提升具有重要意义。

美的走国际并购路线顺应世界市场发展趋势，走在了产业前沿。这保障了美的龙头企业地位。

2. 创新团队管理

美的创新职业化管理的方式，实行职业经理人制度。美的打造职业经理人舞台。比如实行事业部改造计划。每个事业部都有独立运营班子，能够单兵作战，整体配合。随着市场环境变迁，美的集团的组织结构也在变化。在2007年美的提出的增设四个二级产业集团之后，美的经理人团队可以获得更多的经营权和调整结构的权力。其中包括分权与制衡，将权力分配到个人，项目落实到细节，这样保护资产和资金安全，避免决策风险。而且，美的实行职业化管理，普通员工到集团管理者之间层级只有四级。这样可以以市场为导向，根据市场变化，事业部可以迅速调整策略，职能部门和平台跟进，提高运营效率。管理方面的创新对于公司内部治理产生积极影响。

聚焦于内生增长的团队和聚焦于外延增长的团队共同发力，在集团领导下，各自分工，互相配合，共同服务于产品利润增长和并购重组开拓市场疆界，开辟新的利润区。

3. 聚焦赚钱、值钱、印钱三大核心

美的从赚钱开始，在市场站稳脚跟。后来随着市场环境变化，仅仅聚焦于赚钱，采取产品思维已经远远不够。美的开始探索新的方式实现值钱目标。美的采取史无前例的方式整体上市，以非上市公司吸收合并上市公司的方式上市。这样的操作方式可以保持美的集团的实力。上市公司美的电器成为美的集团的一部分。这样美的集团以其丰富的产业链获得更多的市场机遇与利润空间，也因此更加值钱，2016 年相对于 5 年前市值增长 4 倍。美的在此基础上以高溢价换股的方式尊重、保护股东利益，以此赢得更多投资者，并进行良性循环，在股价增长获得市值提升的同时，股东回报得以增加。

4. 建立与政府、市场竞争者的良好关系

良好的政商关系是美的 1998 年管理层收购的良好条件。作为大股东的北滘镇政府配合美的集团。在美的上市 5 年后，保持低调，与美的透露的信息口径保持一致，使得美的管理层收购从准备到完成仅耗时 3 年时间。在美的管理层收购过程中，北滘镇政府起到了积极推动的作用。这也反映了美的重视与政府关系，经营自身与政府的良好关系。

与政府的良好关系为美的集团的管理层收购开辟了通道。与此同时，美的正确处理自身与市场竞争者的关系也是美的做大做强的原因。美的在 20 世

纪 80 年代，电风扇市场竞争异常激烈的情况下，选择不参与打价格战，而是开拓新的产品线。美的提出的"不与同行争市场，走出国门闯天下"的口号显示了美的集团的雄心壮志、长远眼光和开阔视野，这成为美的后来占领龙头企业地位的先决条件。历史和现实都证明，美的坚持正确处理自身与政府关系是管理层收购的良好条件，而且美的坚持开放的市场竞争态度，以更加开阔的视角理解自身与市场竞争者的关系，这为美的赢得主动，最终提升价值创造了条件。

总之，美的集团以持续增长为目标，坚持内生和外延相结合的增长战略。为了保障持续增长，美的集团创新管理模式，建设职业经理人领导的、具有合理层级的公司团队，并致力于从赚钱到值钱和印钱的转化，正确处理自身与政府关系、自身与市场竞争者关系，通过这些途径开拓市场，布局全球、提升市值，最终实现价值持续增长。

几个思考

1. 综观美的集团的产业整合与全球布局，其中让您印象最深刻的是哪一措施，从中您得到什么启示？

_____

_____

_____

2. 对于美的集团"以客户为中心"进行的产品线扩张的内生式增长，其中有哪些地方是值得您的企业当前可以借鉴的？如果您的企业要实现内生式增长，还需要注意哪些因素？

_____

_____

_____

3. 作为美的集团实现投资者利益的重要渠道，其价值管理的多元化，对您的企业是否适用？如果不适用，还需要作出怎样的调整和优化？

_____

_____

_____

研读笔记

K 药业发展产业链与并购重组提升市值

K 药业是国内中药全产业龙头公司，公司成立于 1997 年，2001 年上市，目前位列中国企业 500 强、全球企业 2 000 强、广东纳税百强。五大业务板块打通全产业链布局。业务主要涵盖中药饮片、保健品、中药材种植及贸易、药品器械流通与医疗服务五大板块。自上市以来，公司股权结构稳定，旗下五大主要业务板块分别通过不同子公司及分公司经营。与此同时，公司设立了多个产业基金，为将来对医疗服务等行业进行并购投资作准备。

33 亿净利，近千亿市值，K 药业上市 18 年业绩明显

2016 年，经过十多年来迅速发展，K 药业的营收从 2006 年的人民币 8.26 亿元增长至 216.42 亿元，CAGR（即复合年均增长率）高达 38.63%；归属母公司净利润则从 2006 年的 1 亿元增长至 2016 年的 33.40 亿元，CAGR 达到 44.56%。

2012 年，K 药业营收规模顺利突破百亿，并在同年布局中医药全产业链，2013 年以后，随着各大项目逐步落地，公司进入全新成长期，成功转型为以中药大健康产业为主的工商贸一体化龙头企业。

"一带一路"背景下 K 药业全产业链战略

随着国家"一带一路"倡议的提出与实施，中医药行业也迎来全新的机遇，按照目前构想，到 2020 年，中医药"一带一路"全方位合作新格局基本形成。其中，就包括 30 个中医药海外中心的建设、20 项中医药国际标准的颁布、50 个中医药对外交流合作示范基地的建设等重大事项。届时，中医药海外中心项目将在亚洲、欧洲、大洋洲、非洲等多个区域落地建成。

作为中国中医药全产业链布局龙头企业，K 药业多年的快速发展历程，本身就是中国中医药产业发展的缩影。从公司业务布局来看，其上、中、下游业务布局全面，其中上游布局有中药材种植，中游则有中药贸易、中药饮片和中成药制造，同时开展药品器械流通业务，而在下游则通过收购或自建的方式开展医疗服务业务，打通盘活整个中医药产业链。不难看出，在新一轮中药产业现代化国际化发展中，K 药业极有可能成为国家中医药文化经济输出的排头兵。

目前，在 K 药业众多投资项目中，我们能清晰地看到其产业布局的全面和广泛，体现了 K 药业的战略意图。K 药业的投资项目，呈现出以下特点：一是投资金额巨大，总体高达 10 亿多元；二是项目覆盖广泛，其中，既有以建立国家级中药饮片重点实验室和北药研发中心为重点的医院项目投资（包括 PPP、医院股权收购、医院托管、药房托管、新/扩建医院等），也有以互联网医疗健康服务为核心的平台项目（包括智慧药房、网络医院等），还有以青海为核心区域的中药材及医疗、医院等相关投资项目（其中包括中药材交易所项目、互联网医疗服务平台项目、医院投资项目、智慧药房、网络医院、网上药店、健康管理咨询、综合健康管理服务等）。

强大的终端渠道把控能力

2015年，K药业首创"智慧药房"，将合作医院处方HIS引入到公司体系内，提供饮片代煎、配送等服务。在满足医院处方需求的同时，通过智慧药房实现对医院饮片市场的快速占领，把控终端渠道。

2015年6月与广东省中医院合作在广州落地的智慧药房，上线以来业务增长迅猛。在其上线半年后，日处方量高达5 000张，累计处理处方更是突破40万张。而截至2016年12月，智慧药房日处方量最高已达到14 000张，累计处理处方180万张，而在2017年1季度，其日处方量最高已经达到17 000张。

智慧药房缩短中药代煎等待时间，在满足消费者需求的同时，其服务也具有高度可复制性。2016年10月，K药业被国家中药管理局认定为智慧药房改革试点单位，其智慧药房被作为标杆项目向全国推广。

从落地到成为试点，不足两年时间，智慧药房已经在全国各地遍地开花，业务增量十分明显，预计随着公司的加速投入和市场开拓，公司将在更多的省市开展智药房业务，增量市场十分可观，潜力巨大。

医疗服务项目储备足，增长潜力巨大

2007年，通过广东普宁市自建医院，K药业开始了其在医疗服务业的布局，2013年7月，其自建医院正式建成运营。随后，通过公立医院改制等方式，与多个省市级政府签署战略合作协议，其中涉及多个公立医院改革项目。

2015 年，其自建医院获得设置网络医院资质，由此，K 药业也开启了"互联网+"医疗服务时代，即通过互联网信息化手段，设立患者个人远程咨询系统、远程预约就诊系统、远程会诊系统、网络医院远程控制中心等。而在盈利模式上，K 药业以"医院管理＋供应链管理"模式，避开难度较高的产权转移和非营利医院转营利医院改制等问题，通过收取一定百分比的管理费用以及成立商业子公司承接医院供应链管理来增厚业绩。

目前，K 药业的众多投资项目，基本上都是通过多种方式实现并购的：既有自身设立的医疗服务投资子公司，也有通过并购基金等助力医疗服务的项目投资。目前，通过自建和外延收购，K 药业在安徽、河北、广东等多个中药材集散地拥有中药材贸易市场，而在未来，还会在广西、青海、甘肃、青海等建设多个项目投入运营。

除中药材贸易市场投资外，K 药业还将与各地政府合作，带来如药房托管、公立医院改制、医院供应链管理、智慧药房等其他高效益合作项目。

市场盈利状况预测及市值估计

据保守估计，2019 年，K 药业营收规模将达到 397 亿元。一方面，各项非贸易主营业务发展迅速，公司的中药饮片服务、药品和器械流通、保健品业务都将实现较高增长，而中药材贸易业务也将受益；另一方面，医疗服务板块项目储备较多，成立并购基金实施外延并购的预期强烈。

由于中药饮片市场集中度极低，市场空间相对巨大，加之 K 药业公司的全面产业布局，其产能弹性空间也较大，仅"智慧药房＋药房托管"的业务销量，就会带动其中药饮片板块在 2017 — 2019 年内实现约 25% 的复合增长。

药房托管业务也将带动药品贸易板块业务的高速增长。随着与各省市合作项目的进一步推进，在 2017 — 2019 年，也有望达到 30% 的复合增长。

器械流通板块方面，尽管布局较晚，但其优势在于构建了器械流通平台，未来也将逐步打开市场，与普宁卫计局合作协议的落地将带来 6 亿增量。因此，在 2017 — 2019 年，实现 30% 的营收复合增长也可期望。

保健品及食品方面，由于公司庞大的直销队伍，加之电商、连锁店等渠道的发力，也将带动这一业务板块高速增长，预计在 2017 — 2019 年，实现 26% 的复合增长。

物业租售板块，随着华佗中药城二期等三个项目逐步回收资金，确认收入，预计 2017 — 2019 年将保持 30% 复合增速。

以往，由于市场认为 K 药业是贸易公司，因而对其估值整体较低，但随着业务结构的变化，其贸易板块营收和毛利占比都已经不是公司主要收入部分，因此，相关专家认为可以采用分部估值，即可以分别给予中药饮品和保健品及食品板块 35 倍市盈率、医药流通业务 35 倍市盈率、中药材贸易 25 倍市盈率、其他业务 20 倍市盈率的评估。据此，预计 K 药业 2019 年市值将达到 1870 亿元，对应 2017 年 4 月 21 日 967 亿元市值涨幅 93%。

案例分析：K 药业以医药全产业链进行价值管理

K 药业如何借助资本市场持续融资使得公司迅速成长？可以从公司市值、净资产、净利润等方面分析。K 药业核心竞争力的提升对经营成果所产生的影响表明，资本市场融资对公司发展有至关重要的作用，企业可以通过利用资本市场这个融资平台，满足公司在发展过程中的资金需求缺口，克服发展中资金不足的障碍。K 药业是利用资本市场的融资和杠杆作用，使公司迅速发展的成功案例，有效地实现了资本市场和企业核心竞争力之间的良性循环。

1. K 药业开拓产品线促进内生式增长

因为目前庞大的人口基数和人口结构老龄化趋势，医药行业的长期发展前景相当可观。随着医疗保障体系和基层医疗卫生体系（特别是广阔的农村市场）的建设，医药行业短期内需求依然很旺盛。

K 药业从 2002 年开始涉足中药饮片行业，2003 年成为国内首批通过中药饮片 GMP（药品生产质量管理规范）认证的三家企业之一。公司目前主营业务包括中药饮片生产、西药制剂以及药品销售代理等。同时，K 药业目前正向上下游产业进行拓展，进行全国布局，力求形成覆盖中药材、中药饮片加工、中药流通乃至中医院的完整产业链。此外，该公司抓住医改大力提倡使用中医药机遇，在原有康美中药饮片"特等品"和"一级品"基础上，新推出"三等品"和"四等品"，面向基层医疗机构销售，以满足国内供不应求的市场。随着中药饮片行业管理日趋规范及向上拐点的到来，K 药业呈现良好的成长性。

K 药业未来几年业绩增长点较为清晰。2009 年中药饮片二期工程剩余产能投产，中药材贸易额继续增加增厚公司业绩。康美中医院运营，给公司贡献持续的利润。新开河公司收购完成，也给公司业绩起到增厚作用。2010 年，公司中药物流港、四川康美等项目都如期运营或部分运营，公司有 7 个利润贡献点，分别是中药饮片与中药材贸易、化学药生产、外购药品、康美医院、新开河公司、中药物流中心和四川康美等。2015 年 K 药业智慧药房项目落实。

K 药业财务情况表现为以下几点：

第一，近三年分红政策稳定，未来分红的潜力较大；

第二，财务稳健，资金较充裕；

第三，公司成长能力良好，但是也存在风险，包括全国收购带来的整合成本和管理成本加大，以致异地设厂无法达到预期的目标；

第四，持有广发基金股权投资收益的不确定性等。

2. K 药业外延式增长提升核心竞争力

可以在两个领域探讨康美的核心竞争力，第一是"互联网＋医疗"；第二是"互联＋中医药全产业链"。而且，收并购和重组是 K 药业整合资源开拓市场疆界、提升核心竞争力、获得持续增长的重要途径。

首先是"互联网＋医疗"。K 药业在 2012 年以前就完成了"加法"的步骤，就是从医药企业向互联网转型，2013 年更是成立了康美通信息公司。2015 年政府提出"互联网＋"概念之后，很多公司开始做加法，K 药业已经开始做"乘法"。K 药业与别人不同，在进行地域与市场扩张。地域与市场扩张完成了抢医生、抢入口、抢线下资源。这已经不是"加法"，而是"乘法"。这就是战略提前布局的优势。K 药业的智慧药房项目意义重大，是引领中医药产业链变革的起点。K 药业第一个实行"智慧药房"运作，获得核心竞争力。

其次是 K 药业的中药全产业链。现在做全产业链的药企都想解决中药材交易的电子化，检测的专业化和第三方化，药品的可追溯等。可是它们无法与 K 药业相比。K 药业中药材价格指数 2012 年就成为国家级指数，康美 E 药谷 2012 年就上线运行了，现在日交易额数十亿。

2013 年签协议要搞全产业链的信息化，并于 2016 年上线试运行。2016 年的 K 药业已经借着"互联网＋"的东风驰骋市场。

最后是并购重组。K 药业采取与金融机构合作的方式设立并购基金，为并购医院和其他医药企业创造条件。收并购和重组除了中药材贸易市场投资以外，还会带来如药房托管、公立医院改制、医院供应链管理、智慧药房等其他高效益合作项目。K 药业利用各种机会收购公立医院，对之进行改组，建立自身的运营体系。

总之，依靠良好的产业发展环境，K 药业从中药饮片、医疗器械到中药品等产品线开发，再到包括医院在内的全产业链开拓和利用并购重组开拓市场疆界，其显著特点是内生增长促进手段丰富多样，外延增长措施密集并具前瞻性。K 药业开拓进取，进行富有前瞻性和全局性的价值管理，获得了价值持续增长，从而站在了医药产业前沿，引领医药产业全产业链发展潮流。

几个思考

1.在 K 药业发展的历程中，其对政策和大环境的把握无疑是其成功的重要因素之一。结合 K 药业案例，思考一下，您的企业当前发展中，有哪些有利的经营环境和政策优势，是如何运用的？

_____

_____

_____

2.基于强大的医药行业影响力，K 药业从 2007 年起开始布局医疗服务行业，这对您的企业行业布局有哪些启示？针对您企业当前的核心产品，可以拓展和延伸出哪些相关的服务？

_____

_____

_____

3.针对 K 药业的外延式增长策略，您的企业可以借助哪些途径／渠道提升自身的核心竞争力？

_____

_____

_____

研读笔记

后　记

　　本书顺应资本市场发展需求，尽力为来自资本市场的各方提供参考信息和经营发展思路。在资本市场实践中，我们不断学习，不断反思，不断总结。在当前金融市场改革中，我们希望各方抓住机会，迎难而上，改变自己并获得发展。为了助推这种"改变"，我们以解决自身发展问题的实际经验为本，总结宏阔资本市场的各方经验，力争通过本书为大家提供具有实战性的参考意见。

　　感谢各位企业家的关注，感谢各位投资家朋友的殷切期待，感谢媒体朋友的帮助和支持！

　　诚挚欢迎同行共同探讨，诚挚欢迎包括上市企业在内的资本市场各方与我们互动，共同努力，以自身成功促进时代的繁荣。

　　感谢刘正虎、王祖民、董曼莹、彭博、翟一彪、孙炜、祝杰、陈斯文、金勇、施宏兴在出版过程中给予的支持及帮助，手稿终于完成。